思いのままの経営

山下勝弘 著

セルバ出版

はじめに

「経営は経営者が思っているようにできる」。これが、本書のテーマです。

書店でいろいろな本を見ると、「世の中、思うようにはならない」という本がたくさん出版されています。思ったようにならないのだから、無理をしないで、あきらめの境地で生きなさい。これが、欲のない、すばらしい生き方だという内容だと思います。

「思う」というのは、私がそのような本のタイトルを見るだけで、決して内容を見ないからです。何事も思った通りにはならないという本を出版する人は、人生で失敗をした人であり、そのような人が書いた本を読んでも、何もプラスにもならないと思うからです。

でも、世間ではそのような本が結構たくさん出版され、そこそこ売れているようです。世間の大多数の人は、「思った通りにならない」から、「努力なんかしなくていいよ」と言ってもらったほうが、気が楽になるのです。

「思い」を実現しようとすれば、それなりの苦労を経験したり、努力したりすることが必要となります。そのような苦労や努力をしたくない人は、「思った通りにならない」のだから、何もしなくてもいいですよと言われたいために、そちらを選んで、読んでしまうのでしょう。

一方、成功した経営者は、必ず、「思った通りになる」と言います。経営者だけでなく、学者であっても、芸術家であっても、そのほかの職業を持つ人、家事に専念している主婦や、学生であっても、幸せに暮らしている人は、思った通りになると思っています。その言葉どおりに口に出さないでも、幸せに暮らしている人は、思った通りになっている人たちです。

「思った通りにしよう」という思いから、今は辛い思いをしながら、ひたすら努力を続けている人も多いかと思います。そのような人も、必ず、思いは実現し、その思いの通りになります。

一方で「思った通りになる」という人がいれば、一方で「思った通りにならない」という人もいるわけです。どちらが正しいのでしょうか。

実は、どちらも正しいのです。「思った通りにならない」という人は、「思った通りにならない」と思っているので、その思いの通りに「思った通りにならない」だけなのです。結局、どちらも「思った通りになる」という結果になっているのです。すべてのものが、必ず、思った通りになるのです。

私自身が成功した経営者というわけではありません。職員が10名足らずの小さな会計事務所を経営しているだけですから、小さなことしかできません。自ら会社を興し、一代で年商数千億円の売上を達成した人たちと比べると、ほんとうに小さな思いが実現しただけです。

でも、思いは実現することだけは、実際に経験をし、その通りだという確信を持っています。私の小さな思いは、30歳までに公認会計士の資格を取得することや、ビルを所有することなどでした。小さなことですが、それらはすべて実現しています。

ビルの所有については、２０１０年に「平成大混乱・大不況がやってくる」という本を出版し、そこで思いが実現することを書いた途端、大阪市内で土地を取得できることになり、１００坪の土地の上に10階建てのビルを所有することができました。

私には、小さなことしかできませんが、大きなことをしないと満足できないのも、小さなことだけで満足するのも、その人間の器によります。その器の中で、それぞれ思いを実現すればいいのです。その点では、「思った通りにはならない」「あきらめろ」という人と同じかもしれません。それぞれの人には、自分がいて気持ちのいい場所があります。その気持ちのいいところで満足すればいいのです。

まだまだ足りないと思う人は、もっと先へ進めばいいのです。自分がなりたいようになれる、自分が進みたいと思うところまで行くことができれば、それで満足することが大切です。「足るを知る」という言葉がありますが、自分の居心地のいい場所で満足することも大切だと思います。

本書のテーマである、思いのままの経営という内容について、触れておかなければいけません。経営において、経営者はいろいろな問題に対処することが必要です。どのような問題に対しても、思うようになっていきます。でも、思い続けているけれど、なかなか実現しないということもあります。

苦しい時期が続くと、思うようにならないとグチが出るかもしれません。でも、人の思いが実現するには、その人を取り巻く環境が、その思いに適合できるように準備できないと、それが実現しないのです。

つまり、思いが実現するには、その思いが実現するのに、もっともふさわしい時期というものがあるのです。今すぐに思いが実現できないとしても、あきらめてはいけません。思いが実現する時期まで、努力を続けるのです。それしか、その苦難を乗り越える道はありません。

その乗り越えられる時期は誰にもわかりませんので、乗り越えられないと思いあきらめてしまう人も多いと思います。でも、成功するためには、あきらめない気持ちが重要です。くれぐれもあきらめない気持ちで、取り組んでいただき、成功を手に入れていただくことを強く願っております。

本書の構成は、第1章から第5章までは、経営についての私の考え方を述べたものです。そこでは、主に経営理念に基づく経営について述べていますが、クライアントの中から事業承継についても考え方を聴かせてほしいというご依頼をいただきましたので、事業承継についての私の考え方も述べさせていただきました。

その中で、第5章では、目標管理について、その概略だけを紹介しました。私どものセミナー等では、経営者の方に、実際に貸借対照表と損益計算書を作成していただきます。セミナーでは電卓を手にして、貸借対照表などの作成に取り組まれる社長でも、会社へ帰ると経理担当者に任せる方も多いようですが、それだけはご遠慮願いたいと考えています。実現するのは、社長の思いですから、貸借対照表と損益計算書に社長の思いを、それこそ思いっきり込めていただきたいと考えています。

第6章と第7章では、私どものクライアントの中から、2社の社長様方にご登場いただきました。私が社長様方にインタビューをして、創業当時の創業者の苦労話や経営理念などについてを伺いました。インタビューでは、紙面の制限もあり、目標管理まではお聞きできませんでしたが、貴重な話を伺わせていただきました。ご登場いただきました社長様方には、心より感謝を申し上げたいと存じます。

本書を出版できましたのは、株式会社フォーバルの大久保秀夫会長様から、多方面にわたるご指導をいただきましたことが力となりました。また、同社次世代経営コンサルティング部の赤羽聡様には、本書の構成等について貴重なアドバイスをいただきました。この場を借りて、感謝を申し上げたいと存じます。

本書が読者の皆様の経営の一助となることを祈念いたします。

2021年3月

山下　勝弘

思いのままの経営　目次

第3章　事業承継のはなし

第4章　成功する経営者の資質

第5章　目標管理のやり方

第6章　経営の実例①　第一金属株式会社

第7章　経営の実例②　大丸鋲螺製作所

第1章
般若心経のはなし

1　いろいろな成功法則

思ったとおりにできる

ナポレオン・ヒル、ジョセフ・マーフィー、そのほかにもたくさんの人々が成功法則を著書にしています。彼らの少し前ですが、19世紀末から20世紀初頭において、成功法則の書籍を出版した人がいます。ジェームズ・アレンという人ですが、その人の書籍（「原因」と「結果」の法則、坂本貢一訳、サンマーク出版）には、次のように書かれています。

『心は、創造の達人です。そして、私たちは心であり、思いという道具をもちいて自分の人生を形づくり、そのなかで、さまざまな喜びを、また悲しみを、みずから生み出しています。私たちは心の中で考えたとおりの人間になります。私たちを取りまく環境は、真の私たち自身を映し出す鏡にほかなりません』

ここに書かれているのは、私たちの心が、私たち自身の姿だけでなく、環境などをも含め、すべてを決定しているということです。つまり、私たちは、思うがままに世界をつくり上げることができるということが述べられているのです。

ジェームズ・アレンに続く成功法則の書籍の著者として、ナポレオン・ヒルがいますが、彼は「思考は現実化する」と述べています。また、ジョセフ・マーフィーは、眠る前に自分の思いを潜在意識にすり込めば、眠りながら成功できると言っています。

日本では、本に表すというだけでなく、実際の経営でその能力を発揮し、経営の神様と言われた松下幸之助氏や京セラの稲盛和夫氏なども、同じようなことを書籍に書いたり、お話をされたりしています。

これらの言説は、成功した人だけの特権であり、私たちには関係がないと思う人が多いと思います。でも、彼らが言っていることや書いたことは、うそ偽りではなく真実です。ほんとうに、心で思うことが、そのまま現実世界で実現するのです。

これは経験をしないとわからないと思いますが、ほんとうに思う通りになるのです。環境も含めて、思うようになるのです。これは真実です。

思った通りにはならない

世間では、思った通りにはならないのが現実だから、思った通りになるなんていうたわごとを信じてはいけないと言う人がたくさんいます。そのようなことを書籍に書いている人もいます。

その人たちは、「思った通りにはならない」と心の中で固く信じています。だから、その心で信ずる通り、現実世界では、思った通りにならないのです。思った通りにならないのも、心で思ったことが、そのまま実現しているだけです。

どうしても思った通りにしたくないと思う方は、「思った通りにはならない」ということを固く信じればいいのです。そうすれば、絶対に思った通りにはなりません。そういう人は成功できないと嘆くよりは、思った通りにならないことを喜ぶべきだと私には思えるのです。

世の中は思った通りにならないと信じている人は、もう、成功した姿を思うことも、そのために努力することも、何もする必要はありません。現状のままでいれば、それでいいのです。

そのような人は、苦労するよりも、現状のままいるだけで幸せでしょうから、「思った通りにならない」と信じるだけでいいのです。

そして、「世の中は思った通りにならないものだ」と嘆いてさえいればいいのです。

でも気の毒なのは、ほんとうは思い通りにしたいのに、気が弱くて、何をしても心配ばかりで、安心できないという性格の方です。性格というより、神経的な問題かもしれません。

思った通りになることを願っているのですが、常にビクビクして、心配ばかりしている人です。そのような人は思いがあり、実現したいと思いはするのですが、ビクビクしてしまい、うまくいかないのではないかと心配になり、結局あきらめてしまうのです。

そのような人でも、一部だけかもしれませんが、思うようにはなっているので、心配しないで、自分ができる範囲のことは思った通りにできると信じて、自分が負担と感じない範囲で思いを持ち続け、毎日を過ごすことだと思います。自分で無理だと思うことをしなくていいのです。できる範囲であれば、できると信じるだけでいいのです。

気が弱いというのではないけれど、なかなか思うようにならないというケースもあります。思うようにならないケースで、もっとも大きな原因をつくるのは自分自身です。それは、潜在意識に擦り込まれたトラウマがあるからです。それほど大きなショックを受けたというものではないのですが、子どもの頃から、両親から「危ないからやめなさい」と何度も止められた経験がある人は、本人は意識していなくても、それがトラウマとなっていることが多いのです。

何かしようと思っても、そのトラウマが頭をもたげてくるので、やめてしまうということがあるのです。それを克服するためには、何がトラウマの原因となっているかを追及することです。そして、その原因を克服するという意思を持つことにより、そのトラウマは克服することができます。

私も、そのようなトラウマを克服する研修を受け、自分の思いを制約する要因を発見したという経験があります。何らかの方策はありますので、トラウマを克服した経験者に指導してもらうことがいいと思います。

また、思ったとおりになると信じている人でも、同じ思いを持ち続けることができる人は、１％

もないくらいだと思います。ほとんどの人は、思い続けようとするのですが、途中であきらめたり、忘れたりしてしまいます。ナポレオン・ヒルが言うように、自分の思いを紙に書いて、毎日見るだけで思い続けられますので、思い通りになると信じる人は、ぜひやってみていただければと思います。

思いには実現する時期がある

思った通りになると言っても、思えばすぐにそれが実現するとは限りません。思いが実現するには、その思いが現実のものとなるための環境の準備が必要なのです。

この考えは、ニール・ドナルド・ウォルシュの「神との対話」を読んだときに閃いたものです。あのとき私が抱いたイメージは、この宇宙全体は、立体的なやわらかいモザイクで満たされているというものです。

そのモザイクというのは、それぞれの人の思いで形成されています。自分の心、つまり思いが変われば、まず自分の心のモザイクの形が変わります。そして、その変化が隣のモザイクに伝わってその形が変わり、さらにその隣のモザイクも変わり、やがて、それが宇宙全体に伝わって、宇宙全体のモザイクが再デザインされるというイメージです。

これは、その本を読んで、私が感じたイメージです。そのイメージに基づいて考えると、同じ思いを持ち続ければ、その思いに合わせて宇宙全体がその姿に変わるという考え方です。

つまり、自分の思いが変わったとしても、その思いが隣のモザイクへ、さらに次のモザイクへと伝わり、宇宙全体のモザイクが自分の思いにピッタリ合うようになるまで、多少は時間がかかるという考え方です。

それら周囲のモザイク、つまり周囲の環境が、自分の思いを実現させるために相応しい状況に整備されるまでは、その思いは実現しないのです。思いを実現させるためには、時期を待つことも必要なのです。

思ったとおりにならないということを言い訳にして、思い続けないことを選択する人が多いのは事実です。成功といえる事実が実現するためには、それが実現するための環境が整う必要があるので、時間がかかることがあるのです。その時間を待ち続けることができない人は、さっさとあきらめてしまうのです。

現実には、思えば、直ちにそれが実現することは少ないのかもしれません。私が大阪市内でビルを所有できたのは、20年以上思い続けていたことによるものだったのです。

私は、30年以上前から、ある建築会社とお付き合いができるようになっていました。私が「平成大混乱・大不況がやってくる」の本を書いて、思いは実現するということを表明した途端、土地の売り物が出て、その建築会社の関連の不動産仲介会社を通じてその土地を取得し、その建築会社に

10階建てのビルを建築してもらったのです。

その建築会社との関係は、単なる仕事上のお付き合いだけで、私がビルを建築したいと思ってお付き合いを始めたのではありませんでした。本当に偶然と言っていいと思います。それが、ほんとうに突然、土地の取得とビルの建築という話につながったのです。

さらに、このプロジェクトには資金が必要だったのですが、これも以前からお付き合いのあった地銀の担当者にお話をすると、即決で融資が承認されました。ほんとうに、信じられないくらいのスピードで承認されたのです。最初、何かの間違いではないかと思ったくらいです。

これらのことが起こったのは、私が思い続けていたことに対する周囲の環境が整ったので、一度にそれらが実現したと感じました。私には何の力もありませんが、思いさえあれば、周囲の力でそれが実現できるのです。ほんとうに、皆様に感謝するしかないという思いです。

2　もっとも古い成功法則

般若心経

先のジェームズ・アレンなどの言葉は、19世紀から20世紀という最近のお話でしかありません。驚いたことに、これからお話する成功法則は、今から２６００年前に説かれた内容です。それを説いたのはインドに生まれたお釈迦さまです。

日本には、その教えが約１２００年前に、弘法大師によってもたらされました。その教えは、般若心経というお経に書かれています。

お経などというと、抹香臭い、意味のない文字の羅列で、訳のわからない言葉を唱えるだけと考える人が多いと思います。しかし、お経はお釈迦さまが話された内容を、それを聞いた弟子たちがまとめたもので、当時のインドの人々は、その意味を理解してまとめあげたのです。

また、それを漢文に訳した中国の僧たちは、その意味を研究し、漢字で表現したのです。お経は決して意味のない文字や言葉の羅列ではありません。その意味をよく考えることが大切なのです。

よく、般若心経は、毎日暗誦さえすれば、それでいいという方もおられます。でも、意味もわからず、ただ「ギャーテー、ギャーテー」と唱えていても、私には何の意味もないこととしか思えません。せっかく毎日唱えるのであれば、意味を理解して唱えるべきだと思うのです。

お釈迦さまの教えの意味

さて、般若心経というお経の内容に入っていきますが、一般に、般若心経の教えは、空《くう》の世界のことを言ったものだと言われています。そして、その空の世界は無《む》であり、何もない世界であるから、何事にもとらわれなければいいと説かれます。あるいは、空の世界というのは「そら」のことで、私たちは「そら」に浮かぶ雲だと思えばいいと説く人もいます。そのように説いているのは、仏教のお坊様たちです。

わが国における現在の仏教は、死者を弔うことと、今まさに死のうとしている人を安心させるためだけにあるような気がしてなりません。だから、浄土を死後の世界だけに限定してみたり、人間は本来何も持って生まれてこなかったのだから、死んで無の世界に入っても、もともとの無に戻るだけだから大丈夫と言って、安心をさせるためにあるように思います。

その延長線上である生きている間のことについては、本来無であるのだから、何事にもとらわれず、何も求めず、無になっていればいいと教えてみたりするのでしょう。幸せになれるのは死んでからという意味なのでしょうか。生きている限りは、何も求めず、欲を持たず、ただ苦とともに生きているだけでいいといわんばかりにしか、私には聞こえてきません。

お釈迦さまは、私たちが苦しみから解放されることを願って、仏教の教えを説かれたのだと私は考えています。それは、私たちが死んでからの話ではないのです。

他のお経の中で、お釈迦さま自身も、この世に生まれては死ぬということを、何度も繰り返したと説かれています。何度も生まれ変わってこられるのなら、今は何もしないで、死んだあと浄土で修行し、次に生まれたときに苦しみから解放されればいいと思う方があるかもしれません。

でも、それなら、お釈迦さまは、今生きている私たちに教える必要もなかったことになるように思います。

お釈迦さまが、この世で仏教の教えを説かれたのは、今生きている私たちが、苦しみから解放され、幸せに生きられることを伝えてくださったと、私は理解し、信じているのです。

お釈迦さまが説いた苦の世界

さて、そのお釈迦さまは、「私たちが現在生きている世界は、四苦八苦に満ちている」と説かれています。

四苦八苦とは、生老病死《しょうろうびょうし》の四苦と、愛別離苦《あいべつりく》・怨憎会苦《おんぞうえく》・求不得苦《ぐふとくく》・五陰盛苦《ごおんじょうく》の四苦を併せた八苦です。私たちの世界は、この四苦八苦で満ちているというのがお釈迦さまの教えのはじまりです。

生老病死とは、読めばわかりますが、お釈迦さまは、私たちがこの世に生まれることすらも苦であると言われます。でも、この四苦は苦しみであると、なんとか理解できるでしょう。

むずかしい言葉で、なんだかわからないものが並んでいるのは後半の四苦です。この四苦は、次のような内容です。

愛別離苦とは、愛する者と別れなければならないという苦です。怨憎会苦は、いやなヤツとも会わなければいけないということです。求不得苦は、求めても得ることができないという苦しみです。最後がとどめのような苦で、五陰盛苦とは、この世界は苦しみで満ち満ちているという意味です。言われてみれば、なるほどという内容です。

いずれにせよ、この世は苦しみだらけという現実からスタートするのです。

救いの道

それらの四苦八苦は、避けて通れませんが、心がその四苦八苦から解き放たれたとき幸せになれるという教えが、お釈迦さまが説かれた救いの道だと、私は考えています。

四苦八苦の世界に住んでいる私たちに、お釈迦さまは諦めろとおっしゃったのではないと思うのです。四苦八苦はなくならないのですが、私たちの心によって、その四苦八苦から解き放たれる道があるとおっしゃったのです。

私たちは死んでからしか幸せになれないのではなく、生きている間は四苦八苦の中で生きているのですが、それらの苦しみから解き放たれ、幸せになれる世界こそ、お釈迦さまが教えられた仏教の世界だと思うのです。そのような内容が書かれたのが、般若心経です。

この般若心経を日本に伝えられたのは、日本人なら誰でも知っているあの空海、弘法大師です。弘法大師は、あの仏教の膨大な量の教えを学び、わずか2年という短い期間で奥義を究められ、中国からたくさんの貴重な教えを日本に伝えられました。その1つがこの般若心経です。

次に、般若心経のお経と、私が考える意味についてお話しします。

仏説摩訶般若波羅蜜多心経《ぶっせつまかはんにゃはらみたしんぎょう》
観自在菩薩《かんじざいぼさつ》　行深般若波羅蜜多時《ぎょうじんはんにゃはらみたじ》　照見五蘊皆空《しょうけんごうんかいくう》　度一切苦厄《どいっさいくやく》
舎利子《しゃりし》　色不異空《しきふいくう》　空不異色《くうふいしき》　色即是空《しきそくぜくう》　空即是色《くうそくぜしき》　受想行識《じゅそうぎょうしき》　亦復如是《やくぶにょぜ》
舎利子《しゃりし》　是諸法空相《ぜしょほうくうそう》　不生不滅《ふしょうふめつ》　不垢不浄《ふくふじょう》　不増不減《ふぞうふげん》
是故空中《ぜこくうちゅう》　無色《むしき》　無受想行識《むじゅそうぎょうしき》　無眼耳鼻舌身意《むげんにびぜつしんい》　無色声香味触法《むしきしょうこうみそくほう》　無眼界《むげんかい》　乃至無意識界《ないしむいしきかい》
無無明《むむみょう》　亦無無明尽《やくむむみょうじん》　乃至無老死《ないしむろうし》　亦無老死尽《やくむろうしじん》　無苦集滅道《むくしゅうめつどう》　無智亦無得《むちやくむとく》　以無所得故《いむしょとくこ》
菩提薩埵《ぼだいさつた》　依般若波羅蜜多故《えはんにゃはらみたこ》　心無罣礙《しんむけいげ》　無罣礙故《むけいげこ》　無有恐怖《むうくふ》　遠離一切顛倒夢想《おんりいっさいてんどうむそう》
究竟涅槃《くきょうねはん》　三世諸仏《さんせいしょぶつ》　依般若波羅蜜多故《えはんにゃはらみたこ》　得阿耨多羅三藐三菩提《とくあのくたらさんみゃくさんぼだい》
故知般若波羅蜜多《こちはんにゃはらみた》　是大神呪《ぜだいじんしゅ》　是大明呪《ぜだいみょうしゅ》　是無上呪《ぜむじょうしゅ》　是無等等呪《ぜむとうどうしゅ》　能除一切苦《のうじょいっさいく》
真実不虚《しんじつふこ》
故説般若波羅蜜多呪《こせつはんにゃはらみたしゅ》　即説呪日《そくせつしゅわつ》　羯諦《ぎゃてい》　羯諦《ぎゃてい》　波羅羯諦《はらぎゃてい》　波羅僧羯諦《はらそうぎゃてい》　菩提薩婆訶《ぼじそわか》
般若心　経《はんにゃしんぎょう》

般若心経の意味（和訳）

大いなる叡智の完成についての深遠なる心の教え

観自在菩薩が般若波羅蜜多（叡智の完成）の行を実践して、五蘊（色《しき》・受《じゅ》・想《そう》・行《ぎょう》・識《しき》のことで物質・肉体や感受作用・想念・意思・認識のこと）はみな空であると見極め、一切の苦厄から解き放たれた。

シャーリプトラよ、色（物質的現象）は空（心）に異ならず、空は色に異ならず、色は即、空であり、空は即、色である。受想行識（感受作用・想念・意思・認識）もまた同じである。

シャーリプトラよ、このように諸法は心そのものであるので、生ずることも滅することもなく、汚れとか浄らかとかいうこともなく、増えるとか減るとかいうこともない。

空（心）の世界は、色もなく、受想行識もなく、六根（眼耳鼻舌身意《げんにびぜつしんい》）もなく、六境（感覚作用の対象）もなく、六識（眼耳鼻舌身意によりつくりだされる認識、色声香味触法《しきしょうこうみそくほう》）もなく、苦しみの根本である無明もなく、また無明が尽きることもなく、もしくは老死もなく、また、老死の尽きることもなく、苦しみ、その原因、それを滅することやその方法もない。私たちには、空の世界はそのように見える。なぜなら、私たちには空の世界を観ることも認識することもできないからである。

修行する者は般若波羅蜜多（叡智の完成）によって、心にとどこおりがなくなり、とどこおりがない故に、恐怖がなく、一切の転倒した妄想から遠ざかり離れ、涅槃（悟り）の世界を究めることができるのである。

過去・現在・未来の三世の諸仏は、この般若波羅蜜多によって、阿耨多羅三藐三菩提《あのくたらさんみゃくさんぼだい》という悟りの境地に達したのである。

故に、般若波羅蜜多の真言は、大いなる神の教えであり、大いなる明りとなる教えであり、無上の教えであり、並ぶものがない教えであり、一切の苦を除くことができるものであると知るべきである。それは真実であり、虚《そらごと》ではない。

故に、般若波羅蜜多の教えを説くならば、次のことばを日々唱えることである。

羯諦《ぎゃてい》　羯諦《ぎゃてい》　波羅羯諦《はらぎゃてい》　波羅僧羯諦《はらそうぎゃてい》　菩提薩婆訶《ぼじそわか》（私はいる、私はいる、私はすでに悟りの彼岸の世界にいる、完全に悟りの彼岸にいる、叡智よ、ありがとう）

以上が叡知の完成についての深遠なる心の教えである。

3　般若心経は究極の成功法則

思いが実現することだけを信じて思い続ければいい

さきほどの般若心経の意味を読んでも、それでも何が書いてあるのかわからないと思います。まず、私の般若心経との出会いを述べ、その後、どのように考えが変化していったかを述べたいと思います。

はじめて私が般若心経に出会ったのは、私のクライアントである会社の社長様に般若心経とい

う お経があると教えられたときです。私が、30歳を過ぎた頃でした。その社長様は、般若心経は暗誦できるくらいにならなければダメだと言われたのです。その目的や意味については何も説明せず、ただ暗誦することだけを述べられたのです。

私は、すぐに真に受けるタイプなので、そのまま書店に行き、般若心経の本を購入して、暗誦できるように努力しました。なかなか覚えられないので、何度も何度も繰り返し唱え続け、ようやく暗誦できるまでになりました。暗誦はできるようになりましたが、ただ文字の発音を覚え、それを繰り返すだけで、何もわかりません。そのうち、お経には意味があるはずだと思いはじめ、いろいろな般若心経の本を読むようになったのです。

いろいろな本に書かれていたのは、般若心経で書かれている空《くう》の世界は無《む》の世界であるから、とらわれてはいけない、それだけでした。

でも、それならなぜお釈迦さまが般若心経を説かれたのか、お釈迦さまは私たちに、生きている間は何も望まず、死んでから幸せになることだけを説かれたのだろうかと思うようになったのです。

あるとき、お釈迦さまが四苦八苦から逃れられる道を説かれているという本を見たとき、般若心経は、生きている私たちが、生きている間に苦しみを乗り越えるための教えではないかと思うようになったのです。お経の冒頭部分にあるように、度一切苦厄（一切の苦厄から解き放たれた）、これがこのお経の根本ではないかと思うようになったのです。

苦しみから解き放たれるとはどういうことでしょうか。自分が思うように生き、死ぬときになって幸せだったといえる人生が、苦しみから解き放たれた人生ではないかと思うようになったのです。

死ぬときに幸せだったというためには、自分の思いが実現し、思うがままに生きられたとき、そう言えるのではないかと考えたのです。

思いが実現するとは、別の言葉で言えば、思いのままに生きるという意味ではないかと考えるようになったのです。そして、般若心経は私たちが成功するために、お釈迦さまが教えてくださったものであるという解釈に到達したのです。

その後、先ほど書いた、ジェームズ・アレンやナポレオン・ヒル、ジョセフ・マーフィなどの書籍も再度読んでみました。すると、般若心経と全く同じことが書かれていることに気づいたのです。あれから30年余りが経ちますが、今でも、その考え方は間違っていないと思っています。

その考えに基づいて解釈をしたのが、さきほどの般若心経の意味です。

私の考えでは、瞑想をしたり、修行をしたりする必要はありません。思いが実現することだけを信じて、思い続ければいいということです。それが般若心経で説かれていることだと信じているのです。

4　般若心経の意味を再び

般若心経の教え

　私が書いた先ほどの般若心経の意味を読んで、「ハイわかりました」という人はいないと思います。もう一度、般若心経の意味について、解説をします。今度は、先に意味として書いたことについて、さらに解説したいと思います。

「大いなる叡智の完成についての深遠なる心の教え」

　これは、お経のタイトルである「摩訶般若波羅蜜多心経」の意味を表したものです。摩訶は、大いなるという意味で、般若波羅蜜多が叡智の完成という意味です。

　叡智の完成と言っても、また意味がわからないと思います。私は、宇宙全体がどのようになっているかを知ること、これが叡智であり、それをすべて教えてあげようというのが、このお経の意味だと考えています。

　私たちが、今生きている目に見える世界だけでは、ほんとうの宇宙の姿がわからないので、すべての世界を観せてあげようというお経だということです。

「観自在菩薩が般若波羅蜜多（叡智の完成）の行を実践して、五蘊（色・受・想・行・識のことで物質・肉体や感受作用・想念・意思・認識のこと）はみな空であると見極め、一切の苦厄から解き放たれた」

観自在菩薩というのは、苦しみを取り除いてくれるという観世音菩薩、観音様のことです。観音というのは、音を観ることも自在にできるということです。観音様は、なんでも自在に観ることができるので、観自在菩薩という名前になっているそうです。その観音様が、この宇宙がどうなっているのかを知るために修行をされたとき、この世は、すべて空の世界とつながっていることを突き止められ、その結果、すべての苦しみから解き放たれたのです。

私は、ここに書いてある、度一切苦厄ということばが重要だと思っています。度というのは、渡と同じ意味で、乗り越えるという意味です。一切の苦厄、つまりすべての苦しみを乗り越えられたというのが、その意味です。

先にも書きましたように、私たちは、四苦八苦の世界に住んでいます。でも、宇宙の真理がわかったとき、すべての苦しみを乗り越えられるというのが般若心経の教えで、これが根本的な教えなのです。苦しみはなくならないのですが、それを乗り越えられるということです。

もし、苦しみそのものがなくなるのなら、老死という苦もなくなり、お釈迦さまは80歳で亡くなることもなく、現在も生きて教えを説いておられるはずです。でも、そんなことはありません。苦しみは厳然としてあるのですが、その苦しみにとらわれることがなくなると、お釈迦さまは説かれたのです。

「シャーリプトラよ、色（物質的現象）は空（心）に異ならず、空は色に異ならず、色は即、空であり、空は即、色である。受想行識（感受作用・想念・意思・認識）もまた同じである」

ここで、お釈迦さまは、十大弟子の1人で知恵第一と言われた舎利子（シャーリプトラ）に話しかけられます。シャーリプトラというお弟子さまは有名な方で、いろいろなお経に登場されます。お経によっては、舎利佛《しゃりほつ》と言われたりしている方です。

我々が目にする世界を色といいますが、その色の世界は空の世界と異ならず、空の世界は色の世界と異ならず、色の世界は空の世界と同じであり、空の世界もまた色の世界と同じなんだよ、とお釈迦様はおっしゃるのです。

色だけでなく、我々人間が認識できる領域を五蘊（色、受、想、行、識）といいますが、色以外の受想行識の世界も同じで、すべて空の世界とつながっているのだよ、というのです。

般若心経が教えてくれる宇宙の姿というのは、私たちが認識できる色に代表される五蘊の世界と、それとは別の空の世界があり、色の世界と空の世界はつながっているというのです。私たちが生きている世界とは別の空の世界では、妨げるものがありませんので、思いがそのまま実現します。

現実の世界では、すぐに実現するのは難しいのですが、現実の世界とすぐに実現できる空の世界が同じだというのが、このお経の内容の中心となるのです。

つまり、空の世界で実現すれば、必ず現実の世界でも実現するという教えなのです。

ここで、空の世界ってなんだ、と気になると思います。空については、浄土真宗を興された親鸞《しんらん》上人《しょうにん》が七高僧の1人に選ばれたインドの龍樹菩薩《りゅうじゅぼさつ》という偉いお坊さまも研究され、中論という本にまとめられています。でも、私には、その内容はよくわかりません。

わからないのですが、「空の世界は、ココロの世界だ」と私は解釈しています。ジョセフ・マーフィは、潜在意識の世界と言っていますが、私はその潜在意識の世界が空の世界だと理解していきます。また、心理学者のカール・グスタフ・ユングが、集合的無意識について述べていますが、その集合的無意識の世界も空の世界だと理解しています。

これらを含めて、私はすべてココロの世界と考えており、これが空の世界だと信じています。

私たちが生きていること、欲望も含めて、すべてこのココロの世界とつながっているので、「このように生きたい、このようにしたい」と思えば、空の世界で実現し、それが現実世界でもその通りになるという教えが般若心経の教えなのです。自分の思いがすべて叶うとすれば、苦しみから解き放たれたと言っていいでしょう。

常に、思う通りになるのです。このような世界が、般若心経の世界なのです。

でも、とんでもないことを望めばそれも実現すると、逆に困ることもあるのではないのでしょうか。人殺しをしたいと思えば、いつのまにか人を殺してしまうのでしょうか。その点については、親鸞聖人が歎異抄というお話の中で、弟子の唯円にお話をしておられます。

親鸞上人の言うことには何でも従うと言った弟子の唯円に対し、親鸞上人は「人を1000人殺せ」と命じます。ところが、唯円は「1000人どころか、1人も殺すことはできません」と答えます。親鸞上人は、唯円には人を殺すという業《ごう》や縁《えん》がないから、人を殺すことなどできないとおっしゃるのです。つまり、自分がやりたいと思うことは、業や縁によって定められているというのです。

人を殺す人は、そのような業縁の中にいるので、そう思い、実行してしまいます。ところが、そのような業縁にない人にはまったく無縁のことなのです。

人を殺すという業縁がない人は、人を殺すということはとんでもないことで、思うことすらできないのです。業や縁によって、思える範囲は守られていますので、心配しないで、ただ心に浮かんだ思いを、強く思い続ければそれでいいのです。

「シャーリプトラよ、このように諸法は心そのものであるので、生ずることも滅することもなく、汚れとか浄らかということもなく、増えるとか減るとかいうこともない」

お釈迦さまは、ふたたび舎利子と呼びかけられ、空の世界では、生まれることも滅することもなく、汚いとかきれいとかもなく、増えたり減ったりもしない無限の世界だと仰います。私たちが生きる現実の世界は、この空の世界と同じなので、私たちが生きる世界そのものも、無限の世界だということになるのです。

例えば、何かをしたいと思ったとき、他人が先に同じことをすると、取られたような気になり、自分の取り分がなくなるのではないかと心配になります。

でも、空の世界では、生まれることも滅することもなく、汚いとかきれいとかもなく、増えたり減ったりもしません。我々が生きている世界は、その空とつながっているので、先に取られたと嘆くこともないということを仰っているのです。

自分がしたいと思っていたことを人が先にしたとき、先に取られたという気になるものです。でも、そのような心配は必要ないのです。そのような心配はせず、ひたすら思い続けるだけでいいと言っているのです。

「空（心）の世界は、色もなく、受想行識もなく、六根（眼耳鼻舌身意）もなく、六境（感覚作用の対象）もなく、六識（眼耳鼻舌身意により作りだされる認識、色声香味触法）もなく、苦しみの根本である無明もなく、また無明が尽きることもなく、もしくは老死もなく、また、老死の尽きることもなく、苦しみ、その原因、それを滅することやその方法もない。私たちには、空の世界はそのように見える。なぜなら、私たちには空の世界を観ることも認識することもできないからである」

それでは、空の世界はどうなっているのでしょうか。

一般的には、この文章中にたくさんの「無」という文字が出てきます。これを見て、空の世界は「無」の世界である。だから、欲を持ってはいけない、とらわれてはいけない、すべてを捨て去りなさいという考えにつながっていくのでしょう。

私は、日本における仏教は、今まさに死のうとしている人に安心を与えるためのものだと考えています。だから、空の世界は無であり、もともとあなたは無の世界から生まれてきたので、死んだら、また無の世界に帰るだけだから、心配しないでいいという教えとなっているようです。

今まさに死のうとしている人に対する教えを、生きている人にも適用しようというのが、日本の仏教です。だから、生きている間も、無になって、何も求めず生きなさいと教えるのだと考えています。

私は、その仏教の考え方は間違っていると思います。般若心経では、色受想行識もない、何もかもないと言っていますが、最後の「以無所得故」という言葉が、重要な言葉だと私は考えています。一般的には、この言葉を軽く扱い、ほとんど意味を考えないことが多いようです。そうではなく、私はここに重要な意味があると考えているのです。

「所得」というのは、手に入れるということです。手に入れるというのは、観ることや認識することです。

この以無所得故は、「手に入れること、つまり観ることや認識することができない」と私は解釈すべきだと考えています。色もない、受想行識もない、あれもない、これもないというのは、空の世界のことは、我々が手に入れ、観たり認識したりできないから、そのように見えると言っているのだと考えています。

空の世界は、何もないのではなく、私たちが生きている世界と同じものがあり、すべて満たされています。しかし、私たちには、観ることも、認識することもできないので、ないようにしか見えないとお釈迦さまはおっしゃっているのです。

空の世界は、言ってみれば潜在意識の世界であり、ココロの世界です。われわれには認識できませんが、空の世界には、われわれが生きているこの世界と同じものがすべてありますので、ココロによって空の世界で成立すれば、そのままわれわれが住むこの現実世界でも実現するというのです。

ただ、私たちには空の世界を認識することができませんので、どうなっているのかわかりません。現実の世界で強く思っていることは、空の世界を通じて、必ず、現実世界でも実現することになるのですが、空の世界のことをわれわれは認識することができませんので、ほんとに実現するのかと心配になることが多いと思われます。

でも、強く思い続けていることは、必ず思った通りに実現するので、それを信じて、思い続け、それに向けて行動を起こすことです。われわれには、その道しかないのです。

「修行する者は般若波羅蜜多（叡智の完成）によって、心にとどこおりがなくなり、とどこおりがない故に、恐怖がなく、一切の転倒した妄想から遠ざかり離れ、涅槃（悟り）の世界を究めることができるのである」

菩提薩埵というのは、修行中の人で、修行が完成した仏ではないのですが、この宇宙のことを含め、真理を追究し修行している人です。

その修行している人が、この般若波羅蜜多の教えを知れば、恐れがなくなり、妄想からも解き放たれ、悟りの境地に達することができる。

これが、空の世界を知った人が得られる特典ということになるでしょう。

「過去・現在・未来の三世の諸仏は、この般若波羅蜜多によって、阿耨多羅三藐三菩提という悟りの境地に達したのである」

今度は、修行が完成し仏となった人についてです。仏となった人は、この般若波羅蜜多によって、阿耨多羅三藐三菩提という悟りの境地に達することができるというわけです。

阿耨多羅三藐三菩提という言葉は、いろいろなお経に出てきます。それは、悟りの境地と言われているのですが、私のような修行のできていない人間には、どのような境地かはわかりません。悟りをひらけば、この境地に到達できるようです。頑張って修行をする方は、ぜひこの境地に達していただき、どのような境地か、私たちに教えいただければありがたいと思っています。

すでに悟りを開いている仏さまでも、般若波羅蜜多によって、さらなる高度な悟りの境地に至ることができるというのが、ここの文章の意味です。

「故に、般若波羅蜜多の真言は、大いなる神の教えであり、大いなる明りとなる教えであり、無上の教えであり、並ぶものがない教えであり、一切の苦を除くことができるものであると知るべきである」

この教えは、大いなるもので、大きな明かりとなるもので、これより上がなく、並ぶものもない教えだというのです。そして、一切の苦を取り除くことができるというのです。

ここで、般若波羅蜜多の教えは、最高のものだよと、自画自賛しているのが、この言葉です。

「それは真実であり、虚《そらごと》ではない」

さらに、般若波羅蜜多について、ほんとうのことで、ウソ偽りを言っているのではないと、強調されています。

空の世界はわれわれには認識することすらできない世界ですから、ウソかホントかと疑っても、証明することができないのです。そこには、信じるしか手はないのです。理論的に証明などできないのです。だから、ウソ偽りではないと強調しているのではないでしょうか。

逆に、実際に思いが実現した人の経験などから、ほんとにそうなんだと信じるしかないように思います。成功した人は、すべて思った通りになったのですから、私は、般若波羅蜜多の教えはウソ偽りではないと信じるしかないと思うのです。


「故に、般若波羅蜜多の教えを説くならば、次のことばを日々唱えることである。羯諦　羯諦　波羅羯諦　波羅僧羯諦　菩提薩婆訶（私はいる、私はいる、私はすでに悟りの彼岸の世界にいる、完全に悟りの彼岸にいる、叡智よ、ありがとう）」


以上述べてきたことから、般若波羅蜜多の教えは、苦しみを乗り越えられるすばらしい教えですが、この教えを現実のものとするために、次のことばを毎日唱えなさいと、呪文を教えていただいています。

それが、有名な「ギャーテー、ギャーテー、ハーラーギャーテー、ハラソーギャーナー、ボジソワカ」というまじないの言葉です。

これは、もともとのインドのサンスクリットという言葉の音をそのまま漢字で表しているので、漢字そのものには意味がないと言われています。

でも、意味がわからなければ、まじないの言葉も伝わらないと思います。その意味は、カッコ書きしたものですが、「私はいる、私はいる、私はすでに悟りの彼岸の世界にいる、完全に悟りの彼岸にいる、叡智よ、ありがとう」ということです。

ここで、この呪文での宣言の仕方に注意をする必要があります。「すでに彼岸にいる」という宣言の仕方です。彼岸にいるというのは、すでに目標に到達したという意味です。すでに、到達した姿を毎日宣言しなさいというのが、この呪文の最も重要な内容だと思います。

思うことが重要だと話をすると、「こうなりたい」ということを思われる方が多いと思います。これでは、「なりたい」と思っている自分の姿が実現するだけとなります。「なりたい」というのは、まだなっていないということです。なっていないから、「なりたい」と願うのです。

このように「なりたい」と願うことは、「なりたい」と願っている姿を思い続けることになります。それでは、実現するのは「なりたい」と願っている姿であり、決してその「なりたい」という結果そのものにはならないということになるのです。

思うときは、この呪文にあるように、すでにできたということを、強く思うことが重要なポイントとなります。

それと、これを毎日、思い続けることが重要なのです。ときどき、思い出したように思っているだけでは、実現しないようです。毎日、毎日、強く思うこと、そうすると自分だけでなく、周囲の環境が動き出し、もっとも適切な時期にその準備が整い、その環境の力を得て、その思いが実現するのです。

さらに、最後の感謝の言葉、これも重要です。この感謝の言葉は、私が勝手に解釈しているものですが、自分の思いが実現することに感謝することが必要だと考えています。

感謝の気持ちを持ちましょうとお話をすると、「先祖に感謝して、毎月お墓参りを欠かすことはありません」とか「毎日仏壇に手を合わせています」という人があります。神様、仏様、ご先祖様、それぞれ重要です。もっとも近いご先祖様といえば、両親ということになりますが、これらの神様やご先祖様に感謝することは、もちろん大切なことに間違いありません。

でも、現在一緒に働いている従業員や部下、あるいはお付き合いいただいているお取引先様、さらに自分の家族など、今、いっしょに生きている人すべてに感謝することが重要なのです。

感謝の気持ちがあれば、相手をおろそかにするという気持ちがなくなります。すべてを大切に思い、感謝すれば、周囲があなたを支えてくれるのです。その周囲の皆様の思いが、ココロの世界であなたの思いを助け、実現に向けて世界を動かしてくれることになるのです。

自分の力だけでは、なかなか思うようにいきません。ご先祖様も含め、周囲の皆様の力を借りて、あなたの思いが実現するのです。

損得勘定で感謝をしろと言っているわけではありませんが、常に感謝の気持ちを持つことで、より一層あなたの思いが実現しやすくなるのです。

このような感謝の気持ちを込めた思いを、毎日、毎日、思い続けるのです。ナポレオン・ヒルは、思いを忘れないように、実現したいことを紙に書け、と言っています。

人間は忘れる動物ですから、今思っていたとしても、時間がたてば、ついつい忘れてしまいます。何日かして、また思い出しているようでは、いつになったら実現するかわかりません。紙に書いて、毎日、毎日、それを見れば、毎日思い出しますので、世界がすぐに実現に向けて動いてくれるのです。

「以上が叡知の完成についての深遠なる心の教えである」

お経は、最後に、このお経の名前を宣言して終わることが多いようです。この般若心経でも、最後に、般若心経と、この教えの名前を宣言しています。

これが叡智の完成についての教えであることを再認識することが重要なのだと思います。

以上が、私が考える般若心経の意味です。仏教の修行をしたこともない者が勝手な解釈をして、いい加減なことを言っていると、腹立たしく思われる方もあるかと思います。しかし、どのような反論があろうとも、私はこのように考えて、今まで生きてきました。そうすると、ほんとうに思っていた通りになったのです。般若心経に書いてあるように、まさに「そらごと」ではないのです。

これだけは、間違いないということを強調したいと思います。

般若心経についての付録のお話

ここまで般若心経についての私の考えを述べてきました。私は仏教の修行をしたことがないと先に述べましたが、少しだけお経について教えを受けたことがあります。

その教えをいただいた宗派は、私の家の宗派である浄土真宗ではありません。でも、そこで、浄土真宗などで最も大切なお経であるとされる「無量寿経」について教えていただきました。

無量寿経では、阿弥陀如来様が修行中に建てられた四十八願について書かれてあり、そのすべての願が成就したとされています。その四十八願のうち最も重要なものが第十八願であり、これが本願と言われています。

その本願に、「乃至十念《ないしじゅうねん》」という言葉が出てきます。その解釈については、私は独自の考えを持っています。私は、この「乃」を「なんじ」という意味で解釈しています。また、「十」は、「一から十」と言いますが、十とはすべてのことであり、「常に」という意味だと解釈しています。そうすると、「乃至十念」といのは、「あなたが常に念じれば」という意味になります。つまり、「あなたが常に念じれば」救ってあげるという意味になると解釈しているのです。

私は、念仏も常に唱えることが大切で、1回くらいではダメだと考えています。常に唱えること、そうすれば救われるというのは、般若心経の考えと一致していると思うのです。これは、私の思い上がりなのでしょうか。

第 2 章

経営理念のはなし

1　経営理念の重要性　パートⅠ

会社としての思いが大切

本書のタイトルは、「思いのままの経営」ということで経営に関する本ですので、個人についてだけでなく、会社の経営についても述べなければいけません。

第1章では、人は思えばその通りになるということを、般若心経から学びました。会社は人ではないので、思いのままにすることはできないのではないかと思われるかもしれません。

会社は、私たちのような人間（自然人）ではありませんが、法律的には法人と言って人として認められています。ただし、法人というのは、私たち自然人のように、意思を持っているわけではありませんし、自ら行動することもできません。それなら、どのような思いが会社の思いとなるのでしょうか。皆さんお察しのとおり、社長の思いが会社の思いとなるのです。

でも、自然人としての社長個人の思いと、法人である会社を代表する立場での思いは違ってきます。会社の思いというのは、社長が会社を代表して持つ思いなのです。代表というのは、会社に代わって、思いを表現することと言っていいでしょう。

そのような会社の思いは、一般的には経営理念という形で表現されます。経営理念という名前ではなく、社是であったり、シャレた会社ではフィロソフィと言ったりしているかもしれません。どのような名前であっても、社長個人の思いではなく、会社としての思い、それが大切なのです。

経営理念は何の役に立つのかなどという人たち

その経営理念について、「お宅の会社に経営理念がありますか」と質問をすると、「そんなものはない」という答えが返ってくることがあります。仮に経営理念があったとしても、蔵の中に大切にしまい込んでいるような会社もあります。

創業者である経営者に聞くと、そんなものをつくるまでもない、儲けることが一番で、どうしたら儲かるかを、それぞれの従業員が考えればいいと思っている人もあるようです。私の父は創業者でしたが、格好よく言えば「俺の背中を見てついてこい」ということだったのか、経営理念などについては、全く話をすることはありませんでした。

また、経営理念をまとめただけで儲かるのか、あるいは、それが何の役に立つのかという人もいるでしょう。経営理念では儲からないと、固く信じている経営者は結構多いのかもしれません。

でも、経営理念が大切だという人の話を聞けば、そのような固い思いも柔らかくなるのではないでしょうか。あるいは、それでも経営理念は必要ないと主張される人は、自分が経営する会社が、次に紹介する会社以上になったかをご確認いただければと思います。

経営理念の重要性を説いた人

私が学生であった頃、経営の神様といえば現在のパナソニック株式会社（以下ではパナソニックと略称します）の創業者松下幸之助氏でした。松下幸之助氏はたくさん著作も残されていますが、その中に「実践経営哲学」というものがあります。その最初の章が、「まず経営理念を確立すること」というタイトルとなっています。

ここで、松下氏が経営理念を確立された経緯と、なぜ必要かを述べておられます。

松下氏は、子どもの頃から丁稚奉公をし、1918年に23歳で松下電気器具製作所を開設され、それが今のパナソニックになっています。

会社を設立した当初は、食べていくことが重要で、経営理念どころではなかったようです。そのときも、商売の通念にしたがって「いいものをつくる」ことに専念したそうです。でも、勉強する、得意先を大事にする、仕入先に感謝するということは忘れなかったと言っておられます。

それで、仕事が順調に行きだすと、儲けることだけでなく、何のためにこの事業を行うか、もっと高次の「生産者の使命」というものがあるのではないか考えはじめられたそうです。それで、従業員に、その使命を発表し、会社の経営基本方針とされたそうです。その後、1932年に、「産業人の使命」として経営理念を発表されました。

この経営理念の発表が、会社の思いを明確にした時期ということができるでしょう。

その結果、信念的に強固なものとなり、従業員に対しても、得意先に対しても、言うべきことはいい、なすべきことはなすという力強い経営ができるようになったと言われています。

その発表により、従業員が感激し、使命感に燃えて仕事に取り組むようになったということです。また、この経営理念の発表により、経営に魂が入ったとも言われています。

その後、経営は急拡大を続けていき、戦争という不幸な時代に入り苦労もされましたが、戦前戦後を通じて経営理念は不変であったと言われています。つまり、戦争の時期をはさんで、その前後で、会社の思いは同じであったということです。

具体的な経営活動、いわば「やり方」はその時々で変わっていきます。逆に、「やり方」はどんどん変えていかなければ、時代についていけません。でも、会社の「あり方」を決める経営理念は不変であったと述べられているのです。

戦後は、海外展開もして、世界企業となりましたが、経営のやり方は、その国その国によって違っていても、経営理念だけは変えなかったそうです。その結果、今のパナソニックが形成されたのです。

松下氏が述べられているように、経営理念を明確にすることは、会社の進むべき道が明確になるということと言っていいでしょう。その進むべき道を見て、従業員は同じ方向に進もうとしていくわけです。そして、その力が集まって、会社の思いが実現していくのです。

松下氏は、「事業経営においては、たとえば技術力も大事、販売力も大事、資金力も大事、また人も大事といったように大切なものは個々にはいろいろあるが、いちばん根本になるのは、正しい経営理念である」と述べられています。

また続けて「経営の健全な発展を生むためには、まずこの経営理念をもつということから始めなくてはならない」ともおっしゃっているのです。

ただ、余計なお節介ですが、昨今のパナソニックの業績を見ると、失礼ながら、外部の者から見て、あまり芳しいものとは言えないように思います。松下氏が築かれた経営理念が、従業員が心の底から持ち続けようという意思を持っているのかどうか、もう一度、確認したほうがいいのではないかと思っています。

2　経営理念の重要性　パートⅡ

株式会社フォーバルの創業者

松下幸之助氏の話で、ほぼ終わりですが、松下氏も今となっては過去の人です。今活躍している人は、また違うのではないかという、疑り深い人がいるかもしれません。次に、私が今もお世話になっており、現在も活躍しておられる人をご紹介したいと思います。

ご紹介したいのは、株式会社フォーバル（以下、フォーバルと略称します）の創業者であり、現在、代表取締役会長をしておられる大久保秀夫氏です。

大久保氏は、25歳で資本金１００万円の電話機を販売する小さな会社を立ち上げられました。会社設立後約40年で、連結売上が約５００億円、世界中で約１８００人の従業員を抱え、情報通信のコンサルティングだけでなく、経営のコンサルティングもする会社となっています。

創業からしばらくした頃、当時の大久保社長は、ある上場会社の役員をされた方を副社長に迎え、会社の体制を整えようとしました。すると、その副社長が「経営理念はどうなっているか」と質問されたそうです。

大久保社長が「そんなものはない」と答えると、「経営理念のないような会社は存続できない。1か月会社に出なくてもいいから、経営理念を考えてこい」と社長が副社長から出勤停止命令をくらったというのです。

株式会社フォーバル　社是

それで、大久保氏は一生懸命考え、そのときつくられた経営理念が、次に掲載したものです。フォーバルでは、経営理念と言わずに「社是」と言っていますので、そのままの表現でご覧いただきます。

【図表1　株式会社フォーバルの社是】

株式会社フォーバル　社是
フォーバルグループは
従業員・家族・顧客・株主・取引先と共に歩み
社会価値創出を通して
それぞれに幸せを分配することを目指す
そのため
創意工夫をこらし絶えず「革新」に挑戦する
顧客に愛される「真心」のサービスを大切にする
従業員が安心して力を発揮できる「場」作りに努力する
世界・未来に目を向け「社会が求める真の価値」を追求する

100年先を見越してつくられた経営理念

この社是は、大久保氏が創業間もない頃に考え抜いてつくったものだそうです。社名は、設立当時は新日本工販株式会社といったので社名のところだけは変わっていますが、そのほかは一文字も変更していないそうです。

経営理念・社是は、会社が100年以上継続することを前提につくるものだから、少なくとも100年間は、一言一句たりとも変えないようにしなければいけないというのが大久保氏の考えです。これは、松下幸之助氏が、戦前戦後を通じて経営理念を変えなかったことに通じるものがあります。

経営理念を、今の世間の流れに乗って、今だけ通用するようなものとしているようでは、会社の存続は難しいものとなるかもしれません。経営理念をつくるときは、100年後にも生きている思いとしてつくる必要があるのです。

引き続きこのフォーバルの社是について説明すると、この社是に続いて、「社是への想い」が述べられます。「社是への想い」では、社長あるいは会社として、従業員に何を求めているかが述べられます。

さらにこの社是の中に出てくる「従業員・家族・顧客・株主・取引先」「社会価値創出」「革新」「真心」「場」「社会が求める真の価値」という文言についての解説が続きます。これらの解説は、それぞれの言葉の意味を統一し、考え方の行き違いがないようにするために表明されているのです。

これらの思いや文言の意味については、時代とともに、徐々に変わることがあるかもしれません。

しかし、社是本文の文言は、一言一句も変えないというのです。

そうしないと、１００年以上続く会社をつくることができないというのが、大久保氏が最初に教えられたことで、その通りにしたそうです。そして、経営を継続した結果、大久保氏が若干33歳のとき、つまり創業から8年目にして、上場を果たすことができたというのです。当時では、上場会社の社長で最年少記録の樹立となりました。

最近では、インターネット関連で簡単に上場できますので、こんな若い人がと思うような人が社長をしている会社が上場していることもあります。私のように年をとった者などには、インターネットだけで業績を伸ばした会社がどこまで事業を継続できるのか、心配な気もします。

当時は大久保氏も同じように若すぎると思われ、警戒されたかもしれませんが、経営理念がしっかりしていたので、上場から30年以上の経歴を重ねることができました。

上場から30年ですが、経営理念は１００年先を見越してつくられていますので、フォーバルはこれからもますます発展していくことでしょう。

3　経営理念の確立

会社のしくみの中の経営理念

会社を長く続けたいときは、経営理念を確立することが必要です。もし、経営理念がないとすれば、どのようにつくるのかを説明したいと思います。

突然、会社のしくみなどというと、そんなものは知っているという声が聞こえそうですが、ここでお話するのは、法律的な意味ではなく、経営理念、経営者などの位置関係についてです。その仕組みの中で、経営理念がどのような位置にあるのかを、まず明らかにしたいと思います。

ここで図表2を見ていただきたいと思います。図表2は、会社のしくみをまとめたものです。経営に必要な資源として、「ヒト」「モノ」「カネ」の3つの要素があります。この3つ以外に、「情報」や「ノウハウ」などを含めることもありますが、これらは「モノ」に含めていると理解していただきたいと思います。

この3つの要素は、図表2で枝や葉として表現しています。それぞれの枝や葉は、いきいきとしていなければならないのですが、それらをいきいきとさせるためには、立派な幹が必要となります。この幹の部分が経営者です。経営者も人間ですから、枝葉の「ヒト」の中に含まれるのかと思う人が多いかもしれませんが、そうではありません。

枝葉にある「ヒト」は労働者のことです。経営において、労働者は重要なファクターですが、いくら労働者が集まっても、それだけで経営をしていくことはできません。単に労働者が集まっただけでは、烏合の衆でしかないのです。

私は、労働組合の活動を否定するつもりはありませんが、労働組合に代表される労働者の集りは、

【図表２　経営と経営理念】

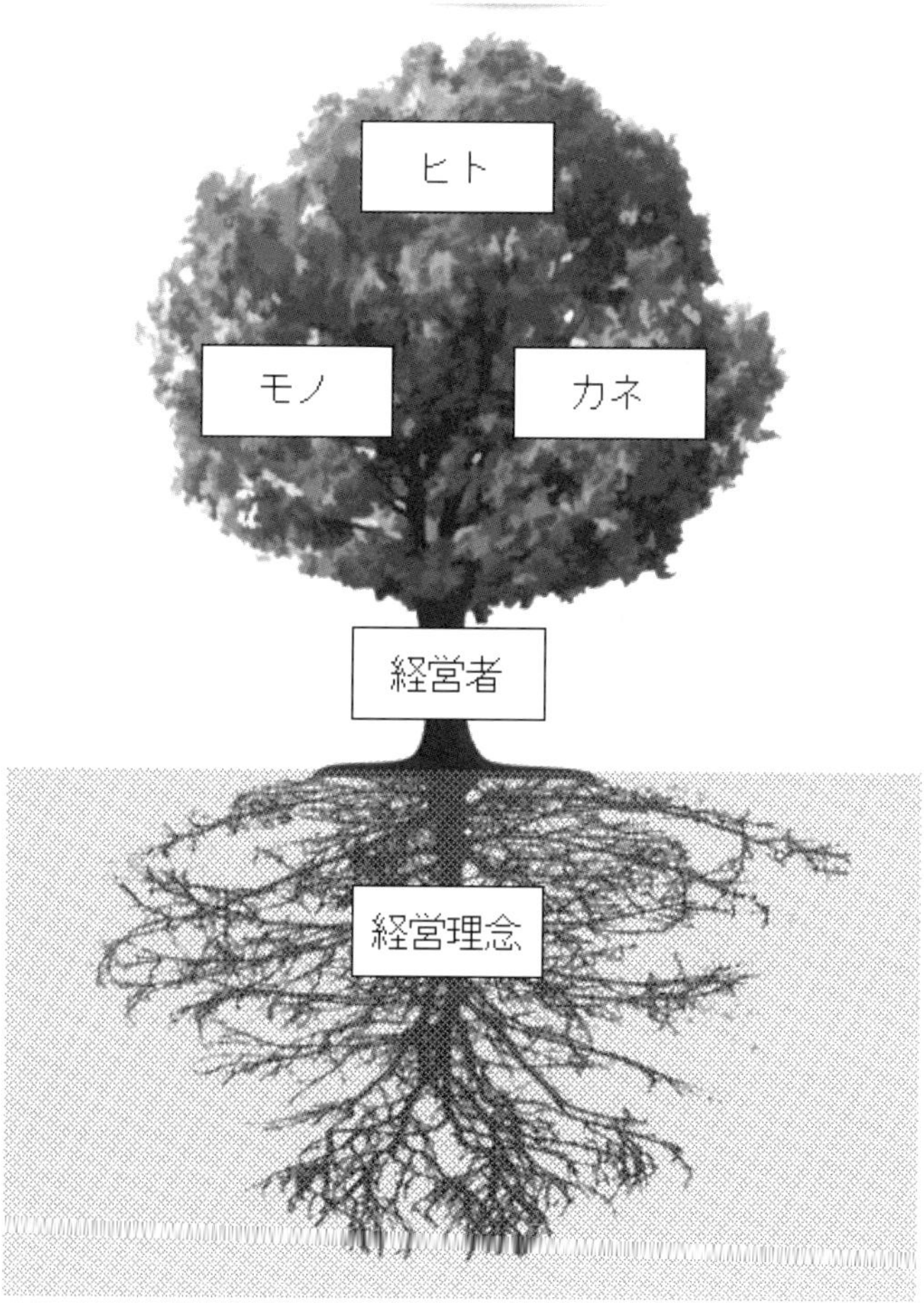

労働者自身の権利の主張をするだけであり、会社として社会に何を提供でき、どのような貢献ができるかなどは考えません。そうでないと、労働者のための組合として存続することができないと思われます。労働組合は、労働者の権利を守るという理念のために働くのが使命なのです。

そのような労働者がいきいきと働くためには、彼らをまとめる経営者という別の「ヒト」が必要となるのです。経営者は、労働者と対立するものではありません。マルクスなどの共産主義を主張した初期の人たちは、経営者と労働者とは対立するものと考えていました。しかし、対立では経営はうまくいきません。

ドイツが東西に分裂していた時代の西ドイツや日本では、労使協調を説く経営学が主流であったのではないかと私は考えています。経営者と労働者がバラバラに働くのではなく、一致して事にあたることが大切なのです。

図表2では、経営者と労働者である「ヒト」は別々に描かれていますが、互いに対立するものではなく、経営者と労働者は一本につながっていると考えるべきです。

話は少し変わりますが、戦国武将の武田信玄は、「人は城、人は石垣、人は堀、情け《なさ》は味方、仇《あだ》は敵なり」という言葉を残しています。城郭や領地という「モノ」を守るのは、すべてヒトだというのです。そして、「情け」が大切だと言っていますが、これは、家臣同士の関係もありますが、城主と家臣の関係と考えるべきだと思います。今の言葉で言えば、経営者と労働者ということです。

互いに「情け」を持って助け合い、「仇」を持つことを避けるようにしなければなりません。このような関係が大切なのです。

また図表2に戻りますが、ここでは株主は描かれていません。中小企業では、株主と経営者が一致していることが多いので、経営者＝株主としていいでしょう。上場会社など、所有と経営が分離しているときも、株主は経営者を選ぶ権利を持つ者として、経営者に含めておいていいでしょう。

このように、経営者と労働者が、互いに「情け」をもって一致して働くことが重要なのですが、その方向づけをするのが、経営理念なのです。この経営理念が樹木でどの部分に当たるのかというと、根っこの部分です。根っこが経営理念で、これが土にしっかりと根を張って、幹や枝葉を支えることが必要なのです。

根っこのない樹木は、少しの風が吹いただけで倒れてしまいます。そのようなことがないよう、しっかりとした根っこを張らすこと、これが重要なのです。何度も登場していただきますが、松下幸之助氏は、経営理念ができれば経営は50％成功で、経営理念を社内に浸透させることができれば80％は成功だと言っておられました。しっかりと根っこを張らすことは、その浸透に当たります。

経営理念をつくるだけでなく、それをしっかりと浸透させ、しっかりとした根っこを張らすことが重要なのです。しっかりとした根っこが張ることにより、その樹木は風雨にも負けない丈夫な樹木となれるのです。

図表2では、後は、土や空気が残るだけですが、それが経営環境であり、顧客もこの環境の中に含まれてきます。この環境の中には、顧客だけでなく、「モノ」を提供してくれる仕入先も、「カネ」に関するサービスを提供してくれる金融機関、さらには税務署などの税金に関する機関も含まれてきます。

この中の根っこの部分の力を理解して、それを築き上げるのは「経営者」となります。ただ、経営者が経営理念をつくるときは、経営内部にいる労働者である「ヒト」を重視するものでなければならないのです。経理理念を築き上げるのは経営者という「ヒト」であり、それを実践するのは労働者という「ヒト」なのです。

「ヒト」がつくった経営理念によって、「モノ」や「カネ」、さらに顧客などの外部環境に属するものがまとめられ、「ヒト」によって経営理念が実践されていくのです。常に、その中心にあるのは、「ヒト」であることを忘れてはいけません。

それでは、経営理念の作成について、説明することとします。

①社長の思いを明確に

経営理念は会社の思いであるのですが、会社そのものは何の思いもありません。そこに色をつけていくのは、社長です。経営理念をつくるには、労使協調で考えるわけですが、方向づけをするのが経営者の重要な仕事となります。

さて次に、社長の思いを明確にして、それを文章にしていく必要があります。そこで必要となるのが、この会社の存在意義です。存在意義というのは、何のために、この会社をつくったのかという表現とすることもできます。

社長は、何のために会社をつくったかを考え、それを明確にすることが重要なのです。現社長が、何代目かという歴史のある会社などの場合、創業者が創業した当時どのような思いでいたかを確かめてみることが重要です。

創業者がどのような思いで、この会社を立ち上げたのか。それが現在にまで続いてきているのです。そして、創業者に創業していただいたことへの感謝の念をもって、その思いを明確にすることが重要となります。

社長が創業者の親族でないときは、特に創業者の思いを確認して、それを明らかにすることが大切です。

創業者の思いを大切にするというと、昔と今とは違うと言って反対する人が多いように思います。創業当時のお話を伺うと、創業者はリヤカーに商品を積み込んで配送していたというお話もありました。これと同じようにしろ、という訳ではありません。

当然、扱う商品も当時と今とでは変わってきていると思います。扱う商品や配送方法などのやり方をそのままにしろというのではないのです。創業当時、創業者がどのような思いでこの商売を始めたのか、その思いを大切にすることが重要なのです。

２代目が創業者の息子という場合、親子関係が悪く、口もきかないということもあるかもしれません。肉親の場合、いろいろと難しい面があるのですが、そこは息子のほうが冷静になって、親父はなぜこの仕事を始めたのかを真剣に考えることが必要となるでしょう。

ただ、そのような社長や創業者の思いだけで、今後１００年会社の思いとして持ち続けることができるのか、ということを確認することも重要です。

これから先１００年というと、世界は大きく変わっています。

逆に考えたいのですが、今であれば、携帯電話やスマホは、子どもでも持っている通信手段です。ところが、１００年前では、そんな通信機器は夢のまた夢で、想像すらできなかったでしょう。

元にもどって、これから先１００年後の世界も、今の私たちには想像すらできない世界となっているはずです。間違いないのは、今とは違う世界になっているということです。それと、その世界で住んでいるのは、今と同じ人間だということです。

モノは変わって、考え方も変わるかもしれませんが、同じ人間が住んでいるのです。そのような中で、自分の会社が存続できるのか、社会に何を提供し続けることができるのか、あるいは何を提供したいと考えているのかを明確にすることが大切なのです。

②会社は誰のものか

次に、会社は誰のものか、ということを明確にすることも重要です。

アメリカなどでは、会社は株主のものであるという考え方が強いようです。証券市場に上場すると、そこで高値がついて売買されることが、その会社の資金調達力のアップになります。逆に、投資家の立場で見ると、将来のリターンと比較して、現在の株式などの価格が有利かどうかを判断して、投資をするかどうかを決定するということが行われています。

これらの分析などは、投資家、株主として、会社をどう見るかという判断をしているのです。だから、会社は株主のものであり、株主にどれだけリターンをもたらせるかが重要だと説明されることも多いようです。

日本においても、証券市場がありますので、上場されている株式などの中で、どの株式に投資をするかを判断するのは、株主としては重要な判断材料となります。だからといって、会社は株主のものであり、会社を株主の単なる投資先であると考えるだけで経営を続けていくのは無理です。

法律で考えてみると、会社の所有者は株主ということになるでしょう。でも、日本では、松下幸之助氏が「会社は公器である」と言ったように、会社は株主だけのものという考えはあまり強いものとは言えません。

会社は、社会全体のものという考え方が強いと思います。証券市場のことは考えないとすると、経営においては、会社を取り巻く社会の中で、誰が会社にもっとも貢献するのかという点から考えるべきです。

日本では、「お客様第一主義」とか、「お客様は神様です」と言ったりして、顧客がその会社に貢献する最も重要なファクターであるように言われることがあります。でも、そのお客様に喜んでいただくためには、お客様に満足してもらえる商品やサービスを従業員が提供することがなければ、それを実現することはできません。

会社の扱う商品やサービスを提供するのは、すべて従業員です。従業員が誇りをもって、自社の商品などを提供できるようにしてやれないと、会社は存続することができないのです。先ほどの武田信玄の言葉にもありますように、すべて「ヒト」なのです。

つまり、会社のしくみの中の「ヒト」である従業員と経営者が会社を成立させる最も重要なファクターであり、その「ヒト」を抜きにして、経営は成り立たないということです。

ここで、経営者と従業員のバランスを考えたいのですが、ごく小さい会社を除いて、一般的には経営者の数より、従業員の数のほうがはるかに上回っているのが一般的です。

だから、「ヒト」といっても、中心となるのは従業員と考えるべきです。会社の中心にあるのは、経営者でもなく、株主でもなく、顧客でもなく、従業員なのです。

したがって、経営理念においても、従業員が中心であることを明確に宣言すべきです。会社は、経営者や株主だけのものだと宣言したときは、従業員との対立が生まれ、労使協調路線による経営は無理となります。そのような点からも、会社は従業員のためにあること、そして最終的には社会のために存在していることを明確にすることが大切です。

間違っても、会社は、社長のためのものであるとか、株主のためのものであると考えてはいけません。

③経営理念は到達点

経営理念について、もう1つ述べておきたいことがあります。経営理念の文言において、「目指す」という言葉には注意が必要だということです。私は、この「目指す」という言葉は使わないほうがいいと考えています。

般若心経のところで述べましたが、毎日宣言するのは、「彼岸にいる、すでに彼岸にいる」ということであり、達成された姿を宣言することなのです。

「目指す」という言葉は、目的とするところには至っていないということを宣言するもので、到達していないということを意味します。したがって、「目指す」と言っている限りは、目指しさえすればいいので、それで目的達成となります。

つまり、「目指す」と言っている場合、その目指している現在の姿が到達点であり、そこから先へ進むことはありません。

結局は、経営理念で「目指す」と言っていると、目指しさえすれば目的達成なので、最終目的地としたところには行けないということなのです。

経営理念の文言は、一言一句変えてはならないと言いましたが、「目指す」という表現は、絶対にそこには行きませんと宣言しているようなものなのです。だから、「目指す」という言葉を使っているのであれば、その点だけは変更したほうがいいと思います。

④企画会社に依頼しては

以上のようなことをいろいろと考え、企業理念をまとめるのは大変だという思いから、企画会社やデザイン会社に理念づくりも任せる会社もあるように思います。

なぜ、そのようなことを言うかというと、最近はホームページに経営理念や社是を掲載している会社が多くなっていて、逆に心配になったからです。

いろいろな会社の経営理念のページを見ると、経営理念らしい文言があるのですが、次に来るのが、その会社のロゴであり、そのロゴの意味あいの説明となっているケースがあります。ロゴは確かにきれいにできあがっているのですが、ただそれだけなのです。社長の思いについての記載がなく、社長の思いが伝わってこないのです。

経営理念に続いてロゴの表示、そしてそれに続くのがロゴの説明という内容を見ていると、ロゴの企画をした企画会社が、きれいなものができたでしょうと自社の宣伝をしているようにしか見えません。企画会社にとっては、そのロゴのデザインの美しさが大切なので、その説明を一生懸命しようとします。

でも、経営理念で必要なのは、デザインの美しさではなく、社長の熱い思いなのです。いろいろなホームページを見ていると、社長の思いではなく、企画会社のPRのようなものもありますので、その点には注意をしたいと思い、ここで触れておこうと思ったのです。

⑤経営理念をつくっても会社は変わらない

経営理念を確立することができたら、すぐに会社は変わるのでしょうか。私は、そのようなことはないと思います。だから、経営理念をつくるのはムダなように思う人が多いと思います。般若心経の話で、思いはすぐに実現しないことを述べました。経営理念の場合、その理念が従業員に共有され、その思いが宇宙を変えていくわけですから、個人の思いが実現するより、もっと時間がかかると考えてもいいくらいです。

でも、思いは必ず実現しますから、経営者だけでなく、従業員も同じ思いを、持ち続けていくことが大切です。そうすれば、必ず、会社が変わっていきます。それを信じるしかないのです。

⑥経営理念の浸透

経営理念をつくるだけでは、会社は変わりません。それを社内に浸透させることが大切です。浸透できないと、経営理念といえども、単なる社長の思いで終わってしまうのです。それでは、会社が変わることができず、永続的に発展していくこともできないのです。経営理念をつくったら、それを社内に浸透させることが重要となります。

松下幸之助氏は、経営理念をつくると、経営は50％成功で、それを浸透させることができれば、80％成功であるとおっしゃっていたそうです。経営理念はつくるだけでは不十分なのです。経営理念をつくったら、それを浸透させることが重要となります。

経営理念があるとおっしゃる会社で、毎朝、朝礼で経営理念を唱和しておられるところもあると思います。毎朝、経営理念を唱和しているのですから、社長は、うちの会社では経営理念が十分浸透していると思っておられるようです。

毎朝経営理念を唱和していても、書いたものを読んでいるだけという会社もあります。そのような会社で、従業員の方に、何も見ないで経営理念を言ってくださいとお願いすると、途中で詰まったり、文言をはっきり思い出せなかったりということがあるのです。毎朝唱和しているのは、書いたものを読んでいるだけで、記憶には残っていないということもあるのです。

このような状況では、経営理念が十分浸透しているとは言えません。経営理念は、会社がめざす姿ですから、それを従業員も共有する必要があるのです。そのためには、経営理念の文言について、従業員に十分説明することが大切となります。そして、それを十分理解してもらい、頭の中に叩き込んでもらうことが重要なのです。

ただし、それを言葉だけで伝えようとするのは、難しいかもしれません。言葉だけでなく、それを具体的なビジョンとして、従業員に提示することも社長の大きな務めとなります。経営理念から生まれるイメージを具体的な形にしたものをビジョンと言います。このビジョンが重要なのです。

経営理念を、言葉だけで伝えようとすると、ある従業員は、経営理念が目指す姿を、□《しかく》の形として頭の中にイメージするかもしれませんが、別の従業員は△《さんかく》の形でイメージするかもしれません。それでは、従業員間で、バラバラのイメージが共有されることになり、結局は、方向性がバラバラとなってしまうのです。このバラバラを統一するには、経営理念の言葉を具体的なビジョンという形に表し、それを従業員に示すことが重要となるのです。

ビジョンがあれば、会社はどのような姿を目指しているのかを、具体的に従業員に伝えることができます。言葉だけでなく、それが一体どのような姿なのかが具体的なビジョンで示し、どのような姿を目指しているのかを明確にすることが、経営理念の浸透にとっては重要なのです。

そのようにして経営理念が浸透すると、経営理念は会社全体で共有されることになり、目標の姿に向かって進むことができるようになるのです。

4　経営理念と憲法・定款の違いは

会社は何ができるのかを定めたのが定款、会社の到達できる姿を描いたのが経営理念

今まで経営理念とはどうあるべきか、またどのようなものかを説明してきました。

日本の国には日本国憲法があり、それぞれの会社には定款というものがあります。経営理念は、その会社の到達点を示すものであるなどと説明してきましたが、国家であれば憲法が、会社であれば定款があればそれでいいのではないかという考えをお持ちの方があるかもしれません。

ここで、憲法や定款と経営理念の違いを説明しておきたいと思います。

日本には、聖徳太子がつくられたと言われている十七条憲法というものがあります。これは憲法という名前がついてはいますが、ここで書かれているのは、官僚などに対する道徳的な規範であり、近代的な憲法とは違うものだと言われています。

それでは、近代的な憲法とはどういうものでしょうか。憲法には、その国家の構造や組織について定める部分もありますが、それ以外に、国民の権利を守る内容と専制的な権力に制限を加える内容が必要であると言われています。

このような考え方に基づく憲法は、13世紀にイギリスでできたマグナ・カルタが最初だと言われ

ています。その後、18世紀に起きたフランス革命によって、市民の権利の保障と国家権力の制限を定めるようになり、これが近代的な憲法の形となったのです。

つまり、憲法で大切なものは、国民の権利を守ることと、為政者の横暴を防止することとなっているのです。この点から考えると、憲法は、経営理念でその会社の到達点の姿を示すこととは大きく異なることがわかります。

また、それぞれの会社には、定款というものがあります。定款の中には、会社の目的が定められています。ところが、この目的というのは、会社として何ができるのかということを定めたもので、会社の到達点となる姿を描いたものではないのです。だから、この定款も経営理念とは大きく異なるものだということになります。

だから、国家に憲法があるのと同じく、会社には定款さえあれば、経営理念がなくてもいいというものではないことは理解していただきたいと思います。

5　会社の寿命30年説

社歴１００年以上の会社は３万３０００社以上

ここで、少し前に話題となった、会社の寿命は平均30年であるという話について触れたいと思います。

会社の寿命が30年しか持たないのであれば、１００年先を考え、１００年以上続くような会社のための経営理念など必要ないように思えるかもしれません。

経営者の中には、自分で創業した会社は誰も継承できないだろうから、自分の生きている間だけのものだと考えている人もあります。でも、そこでは従業員が働き、その従業員にはそれぞれ家族があるのです。その従業員や家族を守っていくのは、経営者の責務です。その責務を果たすためには、会社を一世代だけで終わらせてはいけないのです。

また、会社をつくったということは、社会の資本をその会社につぎ込んだということです。会社を潰してしまうのは、その社会資本を、無駄に廃棄してしまうのと同じことになります。それは、社会的ロスであり、経営をする以上、絶対に避けなければならないことです。そのような考えからも、会社を一世代だけで終わらせるということは、あってはいけないことなのです。

日本には、創業から１００年を超える企業がたくさん存在します。日本は、社歴が１００年以上の会社が世界で最も多く、３万３０００社以上あると言われています。その数を聞くと、たくさんの１００年以上の会社が存在しているようですが、日本全体の企業の中では１％にも満たない数でしかありません。でも、上場会社の数よりはるかに多いのが、社歴が１００年以上ある会社となっているのです。

まだ100年には達していませんが、戦後にできた会社で、創業から60年以上という会社などはたくさん存在します。そのようなことを考えると、会社の寿命が30年というのは、何か納得できないものがあります。

中小企業庁のデータによると、会社を創業して10年以内に廃業するケースが、創業件数の90％に達するというのがあるのです。次々に会社は設立されるのですが、創業から10年以内にどんどん廃業しているのであれば、60年とか100年以上の歴史の会社がたくさんあっても、平均すれば会社の寿命は30年といいのも、ありえる話になります。

平均というのは恐ろしいもので、会社の平均寿命が30年というと、ほとんどの会社が30年も経てば廃業しているように思われてしまいます。10年以上存続している会社の中では、ほとんどの会社は30年を超えて存続しています。ところが、新たに設立された会社のほとんどは10年以内に廃業しているものですから、平均をとると30年となってしまうのです。

人間の寿命であれば、平均寿命といえば、すべての人がほぼその年齢で死んでいきます。いくら長生きをしても、200年も300年も生きることはできません。

しかし、会社の場合は、300年どころか、日本には世界一古い会社が存在しており、飛鳥時代からの歴史がある会社もあるのです。

そんなところで、平均の数値を使うというのは、現実とはまったく違う数値を取り出して話をしていることだと理解すべきです。

そのような現実を見ると、会社の寿命は、ほぼ無限と言っていいように思います。でも、新たに創業した会社は、10年以内にほとんど潰れているのです。だから、創業間なしの会社の寿命が無限であるとは言いにくいのですが、10年を経過した会社であれば、寿命は無限と考えていいでしょう。

そのように寿命が永遠である会社ですから、どの会社も経営理念を明確にし、それを宣言することが重要となるのです。

創業から10年以内に90％もの会社が廃業しているという事実は、それだけ経営理念も何もない会社ができているということではないかと思います。経営理念もなく、ただ儲かるのではないかという思いつきで会社を始めるものだから、どんどん廃業していかなければならなくなるのです。

そのようなことにならないためには、創業間なしの会社こそ、経営理念の確立をし、しっかりと経営をすることが重要となるのです。

松下幸之助氏も、創業当時は理念とかを考える余裕がなかったとおっしゃっています。しかし、「いいものをつくる」などという商業道徳の道を外さないように努められたようです。創業間なしの会社であっても、商業道徳を守るのは当然のことでしょうが、そこをもう一歩踏み込んで、創業間なしの会社こそ、経営理念を打ち立てることから始めてはいかがでしょうか。

6 「あり方」と「やり方」のはなし

組織はそのときの状況に応じてどんどん変わっていく

経営理念を定め、その進むべき方向が決まったとして、どのような組織や人事で、どのように営業をかけ、どのように販売していくかということは、経営戦略の問題となります。

経営理念は、その進むべき方向を示すもので、会社の「あり方」を示すものです。一方、経営戦略はどのような商品を、どのように販売するかなど「やり方」の問題です。

「あり方」は変えてはいけないのですが、「やり方」は状況に応じて、臨機応変に形や姿を変えて進めていくべきです。会社の組織の問題も、「やり方」に属することです。したがって、組織もそのときの状況に応じて、どんどん変えていくことが必要です。

「あり方」と「やり方」の関係

会社の「あり方」が重要なことをお話ししましたが、「やり方」はどう変えてもいいのか、という話もしておかなければいけません。

「あり方」と「やり方」の両方が大切であると説いた人がいます。次の一万円札の顔となる渋沢栄一氏です。渋沢氏は「論語と算盤《そろばん》」という本を著しています。長文になりますが、その本の冒頭の「処世と信条」から引用したいと思います。

『今の道徳によって最も重《おも》なるものと言うべきものは、孔子のことについて門人たちの書いた論語という書物がある。これは誰でも大抵読むということは知っているがこの論語というものと、算盤というものがある。これは甚だ不釣合で、大変に懸隔したものであるけれども、私は不断にこの算盤は論語によってできている。論語はまた算盤によって本当の富が活動されるものである。ゆえに論語と算盤は、甚だ遠くして甚だ近いものであると始終論じておるのである。ある時、私の友人が、私が七十になった時に、一つの画帖を造ってくれた。その画帖の中に論語の本と算盤と、一方には「シルクハット」と朱鞘の大小の絵が描いてあった。

一日、学者の三島毅《みしまき》先生が私の宅へござって、その絵を見られて、「甚だ面白い。私は論語読みの方だ。お前は算盤を攻究している人で、その算盤を持つ人が、かくのごとき本を充分に論ずる以上は、自分もまた論語読みだが算盤を大いに講究せねばならぬから、お前とともに論語と算盤をなるべく密着するように努めよう」と言われて、論語と算盤のことについて一つの文章を書いて、道理と事実と利益と必ず一致するものであるということを、種々なる例証を添えて一大文章を書いてくれられた』（出典：「論語と算盤」角川文庫）

三島毅そして山田方谷

この引用した文章では、「論語」と「算盤」という名前に変わっていますが、正に「あり方」と「やり方」の話に通ずるものがあると思います。「あり方」は重要なのですが、「やり方」も重要なのです。渋沢氏が言うように、両者は甚だ遠くして甚だ近いものであり、両者は同じものと考えていいくらいだと思います。

ここで、この引用文に登場する三島毅先生の紹介をしておきたいと思います。三島先生はウィキペディアにも登録はされていますが、三島中洲《ちゅうしゅう》という名前で出てきます。中洲というのは、三島先生の号（称号）です。三島先生は、幕末に備中（今の岡山県西部）で生まれた学者で、東京高等師範学校教授、新治裁判所長、大審院判事、東京帝国大学教授などを務め、二松学舎大学の前身である二松学舎を創立された人です。

三島先生は、明治時代になって活躍された方ですが、三島先生の恩師は、幕末に大赤字であった備中松山藩を8年という極めて短い期間で、中国地方第一の裕福な藩に立て直した山田方谷《ほうこく》でした。

山田方谷は、備中松山藩の元締役兼吟味役という役職で、今でいえば藩の財務大臣というところです。その山田方谷は、もともと儒教の中でも陽明学を極めた学者でした。

当時の備中松山藩の藩主板倉勝静《かつきよ》が学者であった山田方谷を元締役兼吟味役に抜擢し、藩政改革に当たらせたのです。その結果、わずか8年で貧乏板倉と言われた藩の財政を再建し、松山藩を中国地方で一番の財力がある藩に立て直したのです。

山田方谷は、藩政改革に携わる約15年前の30歳の頃に「理財論」という論文を書いて、その中で「利は義の和である」という易経の文章を引用しています。利益を出すためには、義を積み重ねていかなければならないということです。ここでいう「義」という言葉は、いままで言ってきた経営理念であり、「あり方」のことです。「あり方」を積み重ねていくことが、利につながるという意味です。山田方谷は、藩政改革にあたり、「あり方」を積み重ねて、利を生みだし、藩の財政再建を実践したのです。

その山田方谷の下で学んだのが、三島毅先生だったのです。三島先生は、山田方谷の下で、「利は義の和」であること学び、学者であり義を追究していた人が、実際に藩の財政を立て直すために利を追求する仕事、やや具体的に表現すると、ヒトを活用し産業育成をする仕事を目の当たりにしたのです。そのため、渋沢氏の「論語と算盤」の画を見ると、すぐに種々なる例証を添えて一大文章を書くことができたのです。

「あり方」は理念ですから、会社の業績とは関係ないように見えるかもしれませんが、「あり方」と「やり方」はつながっているのです。そして、「論語と算盤」と同じく、両方が大事だということになるのです。

でも、「あり方」は変えないようにすることが重要です。「やり方」はどんどん変えていくことになりますが、「あり方」からかけ離れたものとなってはいけないのです。

その点から考えると、「あり方」と「やり方」は、甚だ遠くして甚だ近いものであるということになるのです。

7 「あり方」が大切

「あり方」から離れてはいけない

本来、「あり方」と「やり方」は一致しているもので、「やり方」はどんどん変えるとしても、「あり方」から離れてはいけません。

ところが、現実には、「やり方」をどんどん変えるということに注力するばかりで、「あり方」を無視したり、あるいは逆に「やり方」を変えることができず、赤字で苦しんでいる会社が結構あるのです。

「あり方」は経営理念として表現するものですが、「やり方」というと、製造の仕方、販売の仕方だけを考えるかもしれません。「やり方」には、顧客、主力製品など、すべてのものが含まれると考えて、次の文章をお読みいただければと思います。

人事で失敗した会社

「やり方」をどんどん変えると言っても、朝令暮改で組織や人事の変更をすると、人心に不安や疑心を生み出すことになりますので、あまり頻繁に思いつきのような組織変更などは避ける必要があります。

社長の思いつきで人事をしている会社があったのですが、その会社の経営理念を見ると、会社の技術と製品のことは書いてあるのですが、従業員のことには一切触れられていません。従業員の視点が、まったく欠けているのです。

その会社の経営者は2代目の方でした。創業者は従業員のことを考え、いろいろな政策を打ち出しておられました。ところが、2代目になると、経営効率のことに目が行き、従業員のことが頭から抜け落ちたように思われるのです。

その結果、思いつきの人事としてどのようなことが行われたのか、その一例を説明します。

永年課長を務めていた従業員がいたのですが、永年の功績により部長に昇格となりました。ところが、その昇格後にその部署の部長に相応しいと思う社外の人を社長が知人から紹介されたそうです。すると、社長は、もとからいた従業員を、部長から元の課長に降格させ、新たに入社した人を部長職に据えたのです。

その降格された従業員に、直接その気持ちを聞いたことがあります。その方は、ほんとうに絶望したようなことを仰っていました。その人に落ち度があったわけでもないのに、ほんとうに社長の思いつきだけで、格下げをされたのです。格下げをされたのは、その部署のトップとして相応しい人を、社長が社外で見つけたということだけでした。

とんでもないことだと思うのですが、社長には、効率だけが目に入り、従業員の気持ちなどは見えていないのでしょう。そのときの対象とされた人の気持ち、それをどのように家族に伝えるのかと考えたとき、慰めの言葉もありませんでした。従業員にそのような思いをさせる人事は、絶対にさけるべきです。

経営理念は従業員中心に考えなければいけないことは先に触れましたが、従業員の気持ちを考え、組織づくりや人事を行い、働く意欲を導き出すよう工夫すべきです。

ところが、その会社の経営理念では従業員のことは一切触れられていません。経営理念だけで、そのようなことをするとは言い切れない部分もありますが、経営理念に会社が誰のためにあるのかという点が、まったく触れられていない点が問題の一部であると思います。

戦後から扱ってきた製品に固執した会社

その会社では、戦後から自転車の特定の部品だけに特化して事業を展開してきました。戦後は、各会社がつくる部品を国内の自転車メーカーが組み立て、市場に提供していました。ところが、時代の流れとともに、その自転車は中国で生産され、いろいろな部品も、中国で組みつけられ、完成品で国内に入ってくるようになったのです。その部品自体は自転車に必要なものなのですが、組みつけが中国で行われますので、国内での需要が激減したのです。

それなら、中国に進出するか、あるいは自社で得意とする技術を活かせる製品に取り扱い製品を変更するかなど、いろいろと検討しなければいけなかったのです。

ところが、販売の「やり方」は、以前から行っていたルート販売を継続することに重点を置き、新たな製品や新たな市場への取り組みは一切されていませんでした。従業員が50名くらいいましたので、幹部の従業員の教育から始め、新たな製品、新たな市場への取り組みに取り掛かろうとした矢先でした。

社長が突然、会社を潰すと言い出したのです。その社長は創業者ではなく、２代目の経営者でした。しかも、創業者の実の息子ではなく、創業者の娘さんと結婚した養子さんだったのです。その社長には、創業経営者の苦労や、その苦労の末に今の会社を残されたということに対する畏敬の念が欠けていたように思います。

なぜ、その社長が、突然、倒産に走ったのかは後で聞いてわかったのですが、社長の知人からアドバイスをもらったからということでした。その知人というのは、過去に会社を潰した経験がある人でした。その知人は、「会社を潰したら、苦労から解放されて楽になった」と言ったそうです。

その言葉に強く共感した社長は、即座に会社を潰すことを決めたのです。その結果、社長は経営の苦しみから解放されたようです。

社長にしてみれば、自分が苦しみから逃れられるので、それで問題なしということなのでしょう。しかし、従業員やその家族を守るという経営者の責任や、社会資本を預かっているという社会的責任を果たすことができなかったのです。

取扱製品には、製品としての寿命があります。いつまでもその製品だけで市場に打って出られるというのは続きません。製品そのものもそうですが、販売の仕方、販売ルートなど、常に市場に合わせた「やり方」に変更しなければいけなかったのです。

経営理念に記載されるべき「あり方」は変えてはいけませんが、「やり方」は常に変更するくらいの覚悟が必要です。それができなかったため、結局は会社を潰してしまうことになったのです。「やり方」というと、製造方法などだけをイメージするかもしれません。ここでの「やり方」には、顧客や主力製品なども含まれるのです。取扱製品を変え、顧客も変えるくらいの変革をしないと、時代についていけないときもあるのです。

本来なら、もっと早くから、新たな製品、新たな市場に、打って出ることが必要だったのですが、変化を嫌がり、最後の最後まで旧来の製品にこだわっていたため、会社を潰さざるをえない状態となってしまったケースです。

会社の基本を忘れた会社

商品開発や営業の「やり方」も、自由に変更していいのですが、経営理念に反することは取り入れない気持ちが大切です。世間ではやっている製品を追いかければ儲かるという発想では、会社の信用そのものを落とすことになります。

どのような会社にあっても、研究開発は必要です。特にメーカーの場合は、技術開発やそのための研究が欠かせません。そのようなメーカーで、それまであった研究部門を廃止した会社がありました。創業者が必要だと思ってつくった部門だったのですが、後継者が必要ないと判断し、勝手に廃止したのです。

本来は、そのメーカーでは、研究開発が最も重要な部門だったのです。創業者は、研究開発の重要性を意識していたため、研究開発のことを経営理念にも含めていました。ところが、後継者はその重要性に気づかず、成熟した市場であるから、研究開発は必要ないものという判断をしたのです。そのため、経営理念から研究開発をはずし、実際に研究開発部門も廃止してしまったのです。

その結果、その会社での新しい製品というのは、すでに他社から市場に出されている製品の後追いをするしかないような状態となったのです。

その会社では、研究開発をしなくなりましたから、他社の新しい商品に対抗できる製品を生みだすことや、今の製品の優秀性を市場に訴えかけることもできず、どんどん業績を落としていくことになりました。

この会社にとって何が大事かは、もとの経営理念には謳っていたのですが、後継者が勝手に経営理念を変更し、その部分を削除し研究開発を放棄したことが業績後退の大きな原因です。ほんとうに、どうしようもない結果になってしまったという事例でした。

経営理念によって大きな損失を回避した会社

いままでは、経営理念をうまく生かすことができず、失敗した事例ですが、最後に、経営理念によって、大きな損失を回避できたという事例を紹介します。

その会社は、食品を製造する会社です。

その会社の取り扱う製品が、テレビで紹介され突然ブームとなりました。このようなブームがくると、必ず、その反動で、その後に大きな落ち込みがやってきます。ブームになったときは、必ず落ち込みがあることを考え、急激な落ち込みに耐えることを考えながら行動することが大切です。

ブームが来たとき、通常の会社では、まず増産体制に入ります。1日8時間操業としていた会社が、24時間操業に切り替えたりするのです。そして、かき集められるだけの在庫をかき集め、倉庫も一杯になります。それでも不足するときは、新たな設備投資をするのです。在庫を増やしたり、設備投資をしたりするには、資金が必要となります。その資金のほとんどは、自己資金では不足するので、借入金で補うことになります。

ブームが去ると、従業員に疲労感だけが残り、倉庫一杯に積み上げられた在庫は売れず、新たに入れた設備は放置されたままとなります。そして、借入金だけが残り、その返済に苦しめられることになるのです。ひどい場合は、そのブームで倒産をした会社もあったということです。

ここで取り上げた会社では、そのブームになった製品を製造していたのですが、ブームに乗ることをしなかったのです。その会社の理念の解説には、経営上の数字がよいだけではいけないと明確に書いてあるのです。さらに、従業員が大事であることも明記されています。

増産をしようとすると、従業員の勤務体制を変更し、24時間操業をしなければ対応できない状態となっていたのです。その会社では、従業員の福利厚生の重要性の判断から、24時間操業には変更せず、大きな設備投資もせず、できる範囲内でそのブームに対応したのです。

その結果、大きな設備投資もなく、無駄な在庫の増加もなく、ブーム後の需要の落ち込みがあっても、それほど大きな影響を受けなかったというのです。ブームなどは、経営理念とは関係なくやってくるものですが、経営理念から見て、会社として正しい対処をした結果、大きな被害を受けなかったという事例です。

このように経営理念により、会社のあるべき姿が明確で、大切なものは何なのか、が明確になっていれば、突然ブームがやってきても、このように間違った対応をしなくて済むのです。

「あり方」の再確認

以上のように、「あり方」を重視して危機を乗り越えた会社もあれば、「あり方」を無視して会社の存続自体にまで危険が及ぶこともあるのです。

「あり方」である経営理念は、会社の到達点を示すものです。経営理念から、到達点の姿を具体的にイメージすることが重要です。そのイメージでは、会社の業務内容はどうなっているのか、会社の規模はどうなっているのか、そして、そこで働く従業員は明るく働いているでしょうか。これらのことがイメージできるよう、「経営理念」をじっくりと見直すことも重要なことなのです。

１００年間変えない経営理念ですから、文章に１００年後の姿を具体的に書くことはできません。しかし、その経営理念から導き出される会社の姿は、イメージとして自由に、しかも具体的に描くことができます。そのイメージが大切なのです。

そのイメージの中で、１００年後に会社がやっている仕事、従業員の喜ぶ姿、そしてそれを支えていただくお客様の姿を明確に描くことが重要です。１００年後となると、なかなかイメージもわいてこないことが多いものですが、ひと踏ん張りをして、そのイメージを具体的に描いていただくことが大切です。

そうすることによって、「あり方」の正しさを再確認することができるのです。そのような再確認ができれば、いろいろな困難な局面にあっても、正しい判断ができるのです。

第3章

事業承継のはなし

経営理念の承継

前章では、経営理念が会社を経営していく上で重要であることを述べましたが、それが特に重要になるのが、事業承継の局面においてです。

中小企業の事業承継というと、親から子へ承継するというイメージを持つのが一般的かもしれません。でも、事業承継は、親から子への承継以外にも、いろいろな手法があります。そのいろいろな手法においても、会社の強みを残し、事業承継後も経営が伸びていくことを期待するためには、経営理念の承継が重要なポイントとなります。

事業承継におけるパターンごとに、経営理念をどのように承継すべきかを見ていきたいと思います。

1　一般的な親族内の承継

承継の前に経営理念の承継が必須

後継者に事業を譲ろうとしたとき、先代経営者と後継者の考えの相違が明確になることも多いと思います。後継者が実の子どもであれば理解するだろうと思うのは、親の欲目としか言えないでしょう。子どもは、親の思うようには、考えてはくれません。

先代経営者は、子どもを育ててきたので、後継者のことを常に考えてきました。でも、後継者は、先代経営者のことは考えないものです。また、エディプスコンプレックスと言われるものがありますが、逆に親に対して強い対抗心を抱くことすらあります。そのようなときは、わざと親が言ったこととは反対の行動をとることもあります。会社経営においてそのようなことになると、とんでもない事態に陥ります。

先代経営者は自分の経営理念を作成し、後継者に経営をバトンタッチした途端、後継者は、まったく異なった経理理念を作成するということすらあります。その結果、先代経営者を支持する派閥と後継者を支持する派閥との泥仕合になるのです。これでは、内部抗争にあけくれ、会社を統一して前を向いて進むことなどできるものではありません。

そのようなことにならないように、事業承継までに、先代経営者が明確な経営理念を形づくることと、その経営理念を浸透させておくことが極めて大切です。その経営理念を先代経営者と後継者が共有することが重要なのです。

親族間の事業承継においては、事業そのものの承継の前に、経営理念の承継をしておかなければいけないのです。それができたなら、事業承継の際には、経営理念の考えは後継者に引き継がれていますので、承継もスムーズにいくことになります。親族内の承継というと、財産の引継ぎだけが注目されますが、それ以上に、経営理念の引継ぎが重要であることを認識すべきなのです。

2　承継対策としての株式の上場

株式の評価額

中小企業の事業承継で問題になるのは、その会社の株式には相続税法上の評価額が算出されますが、その株式を売却するなどして現金化することができないということです。

後で述べるＭ＆Ａでは、中小企業でも株式を売却できますので、株式には価値があり、売却できるという人があると思います。確かにそうです。でも、Ｍ＆Ａの場合は、その会社の株式を１００％売買するのが基本です。非上場の中小企業のＭ＆Ａで、全株式の60％だけ売却するなんていうことはできません。

ところが、相続となると１００％の株式ではなく、60％でも、あるいは30％だけであっても、１００％の株式の価格と同じ価値が算出され、その価値により算出された相続税を現金で納税しなければならなくなるのです。

相続した財産のほとんどが、経営をしている中小企業の株式であったとすれば、納税資金に困ることになるのです。

その問題点を回避するために、会社を上場させ、株式を承継した人は、いつでもその株式を市場で売却できるようにするというのが、上場を利用した事業承継への対応ということになります。

上場するというのは、言葉では簡単に言えますが、現実にはそんなに簡単なことではありません。まず、事業が順調に推移していないと上場を維持することができませんし、会社の規模もそこそこないと上場は不可能ということになります。

また、上場できたとしても、上場を維持するには、相当なコストがかかってきます。それらを考慮して、なお上場のメリットがあるときだけ、相続税の負担を楽にするための手法としての上場を検討することになります。

経営理念の承継とその維持

事業承継対策の1つとして上場を考えるとき、まず考えておかなければいけないのは、経営理念の承継とその維持です。

上場をするということは、今までの経営者の一族以外の人が経営に参画してくるということになります。それぞれの人は有能な人たちであり、いろいろな意見を持った人です。ということは、いろいろな意見が出て、混乱するということを考えておかなければいけないということです。

上場して、いろいろな人が経営中枢に参画することによって、経営理念を変えてみたり、経営理念を無視する経営をしてみたりしていると、会社はどんどん混迷の世界に入り込んでいきます。

特に、経営幹部に新たに参加したメンバーがあるとき、その新たなメンバーは、多分に会社の数値にこだわる傾向があります。そこに経営理念の話をすると、経営理念では儲けにならないとして、経営理念そのものを排除しようとすることもあるのです。

そのようなことになると、それまでの経営成績を維持することすらできなくなり、経営だけでなく、上場維持にも苦心することになります。経営を維持するためには、上場前から保持してきた経営理念を大切にし、それを変えないという経営者の強い意思が必要となるのです。さらに、上場後に経営に参画する人たちにも、経営理念の重要性を理解してもらうことが大切となります。

また、上場を機に、経営理念を見直して、新たな経営理念で心機一転やっていこうという考えを持つ経営者がでてくるかもしれません。

でも、会社の存続を考えたとき、それはやるべきではありません。経営理念を変えるということは、それまで進んできた道とは違う道を進むということです。そのようなことをすると、元の経営理念の下で一緒に歩んできた従業員を軽視することになってしまいます。

そのようなことになると、今度は従業員の離反を招き、経営側と従業員の対立が生じる可能性が出てきます。そうしたことがないよう、上場をしても、経営理念を維持することが重要となるのです。

どうしても、上場を機に経営理念を変えるというのであれば、上場時に変えるのではなく、上場後はどのような方向に進むかを見せるためにも、上場前に新たな経営理念を作成し、その理念の下で上場を目指すことが重要となるでしょう。

上場は、その会社にとっての成長の1つのステップでしかありません。上場したから、会社が変わることはないのです。上場をしたら、変えなければならないような経営理念なら、さっさと変えてしまうべきです。上場まで後生大事に抱え込んでおくべきものではありません。

でも、ほんとうは、上場まで来られたのは経営理念のおかげということも考えられます。よく考えるべきだと思います。

3　M&A

M&Aとは

M&A（Mergers（合併）and Acquisitions（買収））は、株式の売り買いや合併などを含んだ広い範囲をカバーした用語です。一般的には、他の会社の株式を買い取り、事業拡大を図るということが目立つ内容となっています。しかし、最近では、親族内に後継者がいないため、M&Aを事業承継に使うことが検討されることが多くなってきています。

M&Aは、親族内に事業を承継する人がいないときだけでなく、社内に後継者がいる場合でも行われます。大手の傘下に入ることで事業の安定化を図るという目的で、会社を売却されることがあるのです。

事業を継続していく間には、山もあれば谷もあります。それが並みの谷ではなく、断崖絶壁にぶち当たるかもしれません。そのとき、小さな資本だけでは乗り越えられないことが出てくるかもしれません。そのようなとき、M&Aにより、大きな資本グループの中に所属することで、経営の安定を図ることもできるのです。

ただし、断崖絶壁にぶち当たってからM&Aを考えるのでは、手遅れとなるかもしれません。M&Aは事業が安定しているときに、将来を考えて行うことが望ましいと思われます。

合併でもとの会社が消滅してしまうときは、合併後に存続する会社の経営理念が重要となります。事前に、消滅会社側で、新たな合併後の会社の経営理念でやっていけるのか、十分な検討をすることが必要となります。

M&Aでも、株式の買い取りのときは、もとの会社が残ることになります。そのときは、買収される側の会社は、そのままですので、元の経営理念を引き継ぐことが大切です。それで、新たな親会社となる会社と問題なく付き合えるのかどうか、そこが重要になってくるのです

また、会社の買収などのM&Aでは、会社を全部売ってしまうのが一般的です。会社を全部売ってしまうのは問題があるときなどは、会社の一部を売却することもできます。たとえば、次のよう

なケースです。

　現在、複数の事業をしている会社で、１つの事業については、後継者に相続をさせることで事業承継をし、他の事業については、Ｍ＆Ａにより他の企業に売却をするというようなケースです。Ｍ＆Ａで事業を売却しますので、その事業について資金化ができ、相続する事業にかかる相続税等をそれでカバーすることもできます。このような場合は、事業ごとに会社を分ける会社分割という手段を使うことができます。

Ｍ＆Ａ検討段落でお互いの経営理念の検討が必要

　このように事業承継でもいろいろと活用できるＭ＆Ａですが、そのとき、やはり重要となるのが経営理念です。Ｍ＆Ａの場合、それまでの経営環境や経営風土などが異なる会社同士が一緒になるのですから、一緒になってから、こんなだと思わなかったということもよくあります。これは男女が結婚をして、一緒に生活をして初めてその違いに気づくのと同じかもしれません。

　Ｍ＆Ａの場合、お互いの会社に従業員がいるわけですから、Ｍ＆Ａをした後で、思いもよらなかったということでは、事業の継続が難しくなります。それがないようにするには、Ｍ＆Ａの検討段階でお互いの経営理念を十分検討し、齟齬がないことを検討した上で、Ｍ＆Ａに入っていくことが重要です。

現在の経営者は戦後のベビーブームに生まれた人が多く、その人たちは70代になっています。でも、3割程度の会社で、まだ後継者が決まっていないというデータがあります。経済産業省などでは、これから127万社について後継者不在で、事業承継に赤信号がともっていると言っています。

このような状況であれば、M&Aはより一層注目されることになるでしょう。

日本の優良な中小企業でも、後継者がいないために、会社を売ってしまうことが多くなっています。そのようなとき、国内では適当な買い手が見つからず、海外の会社に売却してしまうということも現実に起きています。

日本の優秀な技術を格安で買い取れるのであれば、海外の企業にとってはお買い得チャンスということになります。

このようなことがどんどん起こると、日本の優秀な技術が海外に漏れ出し、日本の国力の弱体化につながります。

そのようなことを少しでも防ぐために、国内でのM&Aをもっと充実させ、日本の技術を守ることが必要な時期になっているのです。

先にも触れましたように、M&Aは後継者がいないときだけでなく、後継者がいたとしても、これから先の事業展開を踏まえて、敢えてM&Aをするということもあり得ます。今後のM&Aの多くは、後継者がいるケースでも確実に増加することになるでしょう。

4 MBO

MBOとは

ＭＢＯというのは、マネジメント・バイアウト（Management Buyout）の略で、一般的には、会社経営陣として役員に入っている人たちが、オーナーから会社の株式を買い取ることを言います。

会社経営陣に入っていない従業員が株式を買収するケースは、ＥＢＯ（Employee Buyout）と言って区分することがありますが、オーナー側から見ると、買収側が経営陣に入っているかどうかはあまり大きな違いはありませんので、ここでは一括してＭＢＯという言葉で呼ぶこととします。

オーナー一族に後継者に相応しい人がいない場合、社内から後継者を選ぶことになるので、外から新しい経営者が来るより、社内事情に通じた人たちが経営者となることになり、事業承継がスムーズに行くことも多いと思われます。

ただ、譲り渡す側として気をつけたいのは、株式を買い取って経営をしていく人が、ほんとうに経営者としてふさわしい人かどうかを見極めることです。

いくら従業員として素晴らしい成果を出した人であっても、経営者としてその職責を果たせるかどうかわからないのです。「名選手、必ずしも名監督にあらず」ということを心得ておくべきでしょう。

従業員の気持ちを汲むこと

中小企業の場合、金融機関から融資を受けるとき、経営者個人に資産などがないと融資をしてくれないということがあります。従業員としては優れていても、対金融機関での付き合いや、その他の付き合いを知らない人は、その後の経営者としてやっていくのは難しくなると思われます。

また、人望の問題もあります。その人が、従業員から慕われているような人であればいいのですが、そうでないときは、MBOの後、うまくいかなくなるケースもありますので、その人物をよくチェックすることが重要です。そのときは、現経営者の立場というより、後に残る従業員の気持ちになって、その経営者についていけるかどうかを考えてみることが必要となります。

それと、MBO後も、新経営陣が経営理念をちゃんと承継してくれるかどうか、これだけは十分チェックすることが必要です。資金の面や人望の面は、すぐに本人にもわかることですから、改善のチャンスはあると思われます。

しかし、MBOにより会社を買収した当事者にとっては、経営理念は先代経営者の話で関係ないという姿勢をとることもあります。

MBOの場合、新経営陣が、先代経営者とは全く異なった経営理念をつくり、それで運営していこうとするケースがあります。そのようにして、経営方針が変わると、従業員の態度が徐々に変わっていくことにより、取引先なども徐々に離れていくこともあるのです。

承継前に経営理念の重要性などを伝える

でも、後継者としてやっている本人は、経営理念に問題があることなど気づきませんから、どんどんと自分の決めた方向に進んでいきます。そうなると、会社自身が従業員のもともとの思いや取引先からどんどん離れていくことになるのですが、それでもなかなか気づかないということがあるのです。

その結果、ＭＢＯから数年あるいは十数年して経営がうまくいかなくなるというケースが出てくることもあるのです。特に取引先は、経営理念というより、経営理念に基づいて活動する従業員の変化により、徐々に取引内容を変えてくることがあるので気をつけなければいけません。

ＭＢＯの場合は、その会社の役員や従業員が後継者として後を継ぐわけですから、承継をする前に、経営理念の重要性とそれを変更してはいけないことをはっきりと伝えておくことが重要だと思われます。

5　投資育成会社の活用

投資育成会社の目的

親族内で事業を承継するとき、問題となるのがその株価の高さということになります。一般的には、業績がいい会社は、株価が高くなります。ということは、事業承継の際の相続税も高くなってしまうということです。

上場まで会社を大きくできればいいのですが、それも難しい、M&AやMBOなどにより株式を売却してしまうこともできない。いろいろな問題が起きるのが、事業承継です。

さてどうするか、ということになるのですが、事業承継では、特に株価が高いことが問題となります。その株価を引き下げる方法として、中小企業投資育成株式会社（以下、「投資育成会社」といいます）を活用する方法があります。

投資育成会社というのは、「中小企業投資育成株式会社法」に基づいて設立された公的な投資育成機関で、東京、名古屋、大阪にあります。

投資育成会社の目的は、次の2つになります。

①中堅・中小企業が発行する株式・新株予約権付社債などの引受けにより長期安定資金を提供すること

②コンサルティングや求人支援などトータルソリューションの提供により、中小企業が優良企業へ成長発展できるようサポートをすること

①に記載されていますように、投資育成会社の主たる目的は、投資先に長期の安定資金を提供することと、つまり安定株主になるということなのです。

投資育成会社が株式を引き受けるときの評価

この投資育成会社の目的のうち、事業承継で役に立つのが、①の安定株主になる業務です。投資育成会社が株式を引き受けるときの株価は、１株当たりの予想利益をもとにした収益還元方式により求めた額となります。

一般的に株価が高くなる原因は、直近の利益だけでなく、過去何十年にもわたって積み上げられてきた純資産の増加であることが多いのです。投資育成会社が株式を引き受ける際には、過去の累積利益は関係なしに、数年前から現在、そして近い将来の収益に基づく株価だけが算定根拠となります。このとき、相続税で算定される評価額より相当低い株価となるのが一般的です。

投資育成会社以外の個人や法人が低い株価で株式を引き受けたとき、その株式を引き受けた個人や法人に贈与があったものとして、課税が行われます。でも、投資育成会社が引き受ける額については、国税庁と合意がなされていますので、算定される株価がいくら低いものであっても、課税上問題となることはありません。

例えば、１株１万円の株価の会社で、発行株式数が10万株であったとします。株価の総額は、10億円ということになります。ここで投資育成会社が1株１０００円で３万株を引き受けたとします。出資額は３０００万円ということになります。

実際の株価を計算は少しややこしいのですが、ここでは当初の株価総額と投資育成会社の出資額の合計を発行済み株式の総数で単純に割って計算してみます。すると、１株の評価額は７９２３円となります。つまり、このような計算であれば、１株について20％以上の株価引き下げができるということになるのです。

投資対策となる会社とは

でも、どのような会社に対してでも、投資育成会社が投資をしてくれるとは限りません。投資をする際には、経営者の知識、経験と経営力などの審査があります。さらに、事業そのものについても、事業の特長、競争優位性、さらには成長性なども審査の対象となります。

具体的には、事業計画、収支計画及び資金計画を提出し、その計画の妥当性がチェックされることになります。このようなチェックを受けて、投資対象となった会社にだけ投資をするのが投資育成会社ということになります。

このようなチェックを受けて、投資育成会社の投資を受けると、投資育成会社は社長を支援する立場に立ってくれますので、経営の安定化を図るには、うってつけの投資家ということになります。株価を引き下げ、社長に協力してくれる株主であれば、株式が分散している会社にあっては、社長にとってはありがたい支援者となります。

株価が高くて困っている会社などでは、一度、検討してみる価値のある対策であると思われます。

経営理念は維持

このとき、経営理念はどうなるのでしょうか。投資育成会社が投資をしたとしても、投資育成会社が経営をするわけではありません。投資をする際に経営者の知識、経験、経営力や、事業そのものなどについてチェックをして投資をしていますが、それらをチェックするのは、この社長が経営する会社に投資をしていいかどうかの判断をしているのです。

つまり、投資育成会社が出資をしたとしても、投資育成会社の指図で動けというのではないということです。経営をするのは、今まで経営をしてきた社長であり、その点は変わらないのです。その会社に後継者がおり、その後継者が経営を引き継ぐ際には、後継者教育などを含めて、後継者への支援をしてくれるのも、投資育成会社ということになります。

もともと経営していた社長、後継者、そして事業が大切なのであり、それを妨げることをしないのが投資育成会社ということになります。その意味では、投資育成会社は、経営理念のもとで堅実な経営をしている会社に投資をするのであって、経営理念を維持することをすすめても、それを変えて経営そのものをやり直させることはしません。

もともと尊重してきた経営理念をそのまま引き継げるのが投資育成会社による出資ということになりますので、Ｍ＆Ａなどで経営理念を維持するために気を遣ったような点は考えなくてもいいということになります。その点では、安心して投資をしてもらうことができるでしょう。

6　税制における事業承継制度の特例について

納税猶予の制度

本書では、経営理念のことを扱い、税務の手続などについては取り扱わないつもりなのですが、税制における事業承継制度の特例だけは、どうしても触れておかなければなりません。この制度がすばらしいから、ぜひ紹介したいというのではありません。それとは逆で、この制度だけは使わないようにすべきだからです。なぜダメなのかを知っていただくために、この制度を紹介しなければならないのです。

事業承継税制は、原則として、親族内承継の場合の相続税や贈与税の「納税猶予」の制度です。従業員にＭＢＯではなく、贈与、つまりタダであげてしまうという場合も利用できる制度にもなっています。

納税猶予というのは、免除とは違います。免除というのは、税金を払う必要が一切なくなるということです。

一方、納税猶予というのは、税金はかかるのですが、一定の要件を満たす間は納税を待ってあげようという制度です。

納税を待ってもらっているわけですから、この制度では、その要件を満たさないようになったときは、税金だけでなく、待ってもらった期間の利子も付けて一括で納税しなければならなくなるという制度だということを理解していただくことが必要です。

事業承継税制が登場した理由

先にも触れましたが、先代経営者が経営をしていた非上場の会社の株式は、会社の１００％の株式を一括して売るときでないと価値はつきません。でも、相続税では、そのようなことは加味しません。

オーナー一族でない株主で、わずかの株式しか保有していないときは、低い評価額となるのですが、オーナー一族の方が持っている株式については、原則として、株式の一部だけを保有しているときであっても、会社を売却するときのように高い評価額になるのです。

その評価額は、M＆Aで売却できる額とは異なりますが、相当高い価格となります。

事業承継における問題点は、相続税法において計算される中小企業の株価が高すぎるということです。だから、事業承継をしやすくするのであれば、その評価額を下げればいいだけのことです。

でも、評価額を低くすると、次のようなときに相続税が少なくなりすぎるとして問題にされてしまうのです。

●相続税における評価額を低くしたときの徴税上の問題点

図表3にあるA社をM&Aで売却できる価格を①とします。現実では、M&Aのときの株式の評価額と相続税の評価額は違うのですが、ここでは話を簡単にするために、M&Aのときの価格と相続税における評価額とは同額であるものとします。

相続税の負担を小さくするため、国が評価方式を変更し、評価額が②となるようにしたとします。それだけなら、株式の評価額を小さくしたことにより、相続税の徴税額が小さくなることはやむを得ないとして、国も容認するでしょう。

ここで、このA社の株式をもともと持っていた人ではなく、他の人がM&Aにより買収したときを考えてみます。そのM&Aにおいては、①の買収金額全額を借入金で賄ったものとします。

すると、A社を買収した個人の相続税の課税においては、M&Aにより増えた財産はA社株式で②の価額となります。一方、M&Aに際し借入金①が発生しましたので、この借入額は相続税の計算では、全額が債務としてマイナスされることになります。つまり、②から①を引いた額（塗りつぶした③の部分）は、債務が財産を上回ることになります。この財産を上回る債務は、他の財産からマイナスすることができるのです。

国がA社の株式の評価方式を低い額に設定し、それで徴税できる相続税額が少なくなったとしても、株式の評価額が下がった部分についてだけなら是認するでしょう。

【図表３　相続税における評価額を低くしたときの徴税上の問題点】

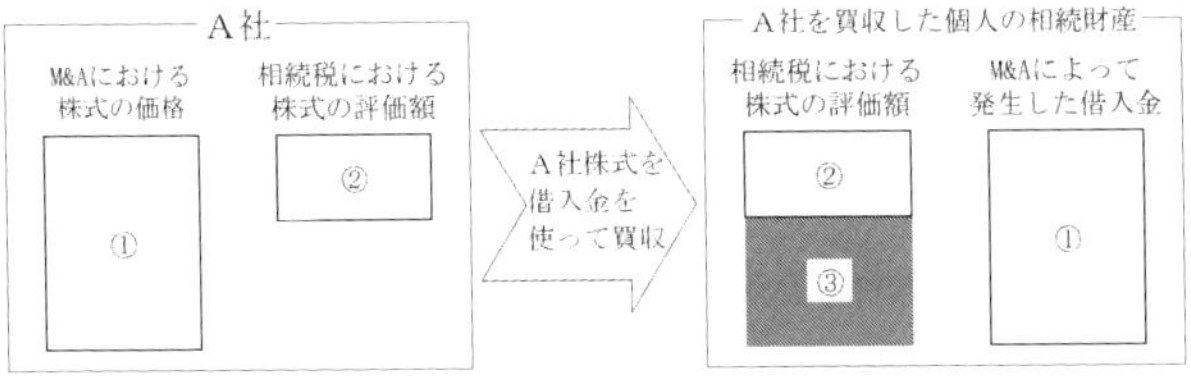

ところが、このような事例では、財産を超過する債務部分③を他の財産からマイナスすることになり、他の財産にかかる相続税も少なくなってしまいます。これが徴税当局にとっては我慢ができないことになるようです。

したがって、株式の評価額だけでなく、土地などの評価額についても、低く抑えることに対しては徹底的に拒否反応を示すのが日本の徴税当局の姿勢ということになります。

それで考え出したのが、株式の評価額を引き下げるのではなく、評価額は高いままとして、発生した相続税額の納税を待ってやればいいという納税猶予の制度なのです。

納税猶予制度でどうにもならなくなる事例

徴税当局にとってみれば、納税猶予制度は素晴らしい妙案ということになるのでしょう。評価額を引き下げると、日本全国の非上場の会社の株価全体が下がってしまい、相続税の徴税額が少なくなってしまいます。

そのようなことをしないで、徴税できる可能性がある税額はそのままとして、条件にあう一部の人だけの納税を猶予してやれば、徴税額の減少は限られたものとなります。しかも、事業承継について特別の制度を設けたということで、事業承継にも配慮しているという姿勢を見せることができるのです。

ところが、この納税猶予という制度は、国民にとってみると恐ろしい制度なのです。納税猶予制度というのは、ここでお話する事業承継税制がはじめてではありません。もともと農地について使われてきた制度です。農地の納税猶予制度で、どのようなことが起こっているかを紹介したいと思います。

都市近郊の農地は評価額が高く、相続税が極めて高いものになっています。でも、都市近郊といえども農地から上がる収益はそれほど多くは望めません。

相続税には延納という制度があり、本来は現金で一時に納付しなければならない税額を20年間に分割して納税することができる制度です。でも、農地は収益性が低いため、延納制度を選択して20年間に税額を分割しても、納税できる見込みはないのです。そこで考え出されたのが、納税猶予制度です。

農地の納税猶予制度というのは、その農地について、相続した人が耕作を続けた場合、相続税の納税を待ってあげようという制度です。待ってあげるということを猶予と言いますが、猶予される期間は、相続をした人が亡くなるまでで、相続をした人が亡くなったときに免除されます。そうすると、相続税がまるまるなくなってしまうと思われるかもしれませんが、そのときは次の相続税の申告と納付が新たに始まることになるので、国はあまり心配をしないのです。

この農地における納税猶予の条件は、その農地で耕作を続けることです。耕作をやめたり、その農地を宅地に転用したりしたときは、猶予を受けていた相続税に利子を付けて国に納税しなければならなくなります。

皆様のお住いや仕事をしておられる近くであるかどうかわかりませんが、都市近郊で、ビルとビルの間で田んぼや畑が残っているケースがあります。これは、農地に関する相続税の納税猶予制度を受けたものと考えて、ほぼ間違いありません。

その農地は、ビルの間に挟まれていますので、ほとんど日が当たりません。日照不足は、肥料を多く与えることで補うしかありません。

ただし、においのする肥料は近隣からの苦情につながりますので、化学肥料を使うことが多くなると思います。また、虫が発生したりすると近所の住民から苦情が来ますので、農薬もふんだんに使うことになります。

その結果、できる作物は、耕作をしている人は決して口にしないものとなるかもしれません。そのような作物をつくらなければならない農家にとっては、経済的な面だけでなく、精神的な面でも厳しいものがあるのです。

でも、耕作をやめると、相続税と利子の納税をしなければならないので、いやでも耕作を続けるしかないのです。

その農地を売ってしまって、売却代金で相続税の納税をすればいいというのは、当事者でない他人なら簡単に言えることです。

でも、先祖から受け継いだ大切な土地だと思っている当事者には、その農地を手放すことは先祖に対する裏切り行為と感じるものですから、手放すこともできません。

本来なら、その土地での農業をやめて、ビルを建築したほうが、その土地を保有している人にとっては、経済的にみて合理的な判断となるでしょう。また、個人的視点ではなく、経済全体で見ても、日当たりの悪い土地で耕作するより、ビルを建築して、別の事業に利用したほうが、合理的な利用法であると考えられます。

つまり、経済学的にみると、当事者の立場から考えるミクロ経済で考えても、社会全体で考えるマクロ経済で考えても、ビル街の土地にはビルを建築して活用するのが合理的ということであり、農地を残すことはマイナスでしかないのです。

その地域が農業地域で農地として活用するのが相応しいところであれば、この納税猶予制度はいい制度です。しかし、農地として活用することが相応しくない土地で、この納税猶予制度を使わざるを得ない状態になると、その本人にとっても、社会にとっても、マイナスでしかないということになるのです。

ところが、マイナスがあることがわかっても、一旦、納税猶予制度を利用してしまうと、後戻りできないのがこの納税猶予制度の恐ろしさです。

農家はなぜ納税猶予制度を選んでしまうのか

でも、そのような農家は、なぜ納税猶予制度を選んでしまうのでしょうか。

相続をした当座はなんとか相続税を納税しなければいけないということで頭がいっぱいになります。相続税の申告と納税には、相続開始から10か月の猶予があるとはいうものの、現実には、あまり時間はありません。

納税猶予を受けるためには、できるだけ早い時期に相続登記をすませ、その土地を国に担保として提供することが必要になります。また、農地として耕作を続けるのであれば、相続のことを検討する間も、耕作をやめることはできません。耕作は続けながら、どうするか考えることが必要となります。

さらに、その農地を売却して、相続税の納税をしようとするなら、農地の場合、許可を受けたることも必要であり、相続税の納税期限である10か月以内に買い手が出てくるとは限りません。

もし買い手が出てきたとしても、農地の場合、ビルの建築をする場合などは地盤改良などをしなければならないかもしれませんので、買い手も慎重に判断することになります。そのため、売買契約にいたるまで結構時間がかかるのです。

逆に、売り手の立場から考えると、急いで売らなければならないとなると、買い手から足元を見られて、買いたたかれる危険性もありますので、急いで売ることに慎重にならざるを得ません。

農地を売ればいいとしても、そんなに簡単に売れるものではないのです。そのようなことをしているうちに、もし相続税の納期限までに売却できないときは、納税ができないということも考えなければならなくなってしまいます。

納税者は、以上のようないろいろな心配から、どうしていいか迷っているときに、急いで納税猶予の制度を利用することを決定することを迫られるのです。延納も簡単にできない　売却も難しい、そして納税猶予をすすめられるということになります。納税者に、ゆっくりと考える余裕などないのです。まわりからも急がされ、つい納税猶予制度を選択してしまうということになってしまうのです。

それから数年して落ち着いた頃に、大変なことをしてしまったと気がつくのがこの制度の特徴といえるでしょう。でも、そのときはすでに手遅れで、取り返しがつかない状態になっています。日当たりの悪い土地で、収穫の喜びを得ることができないまま、死ぬまで農業を続けなるしかないのです。

事業承継税制とは

それでは、農地ではなく、会社の株式を相続する場合の事業承継税制に話を進めます。まず、どれくらいの納税猶予を受けることができるのかを、１つの相続の事例を使って計算してみます。

そのためには、相続税はどのように計算して、どれくらいの税額となるのかを見ていただくことが必要となります。

a．相続税の税額の求め方

相続においては、亡くなった人を被相続人といい、被相続人が残した財産を相続する人を相続人といいます。相続税は、相続等により財産を取得した人にかかる税金です。被相続人の配偶者や子は相続人となり、相続した財産の合計額が基礎控除額を超えるときに、相続税が課税されることになります。

納税猶予額を計算するには、まず、この相続税がいくらになるかを計算してみなければいけません。相続税を計算するためには、被相続人が有していたすべての財産を洗い出し、それぞれの財産の評価額を算出し、相続人等の状況を確認しなければなりません。

財産の評価は、すべての財産について行わなければなりませんが、事業承継税制で特に重要なのは、被相続人が経営していた会社の株価ということになります。そこで、まず事業承継税制の対象となる会社の株価をどのように求めるのかを見ていきます。

b．事業承継税制の対象となる会社の株価

ここで取り上げた例は、空想の会社ですが、40年近く前に現経営者である社長が創業した卸売業を営むA社です。

「図表4　A社の財務内容」の貸借対照表から、総資産が8億円で、資本金は1000万円、自己資本を表す資本金等と利益積立金の合計が6億円となっており、自己資本比率が75%になる優良企業であることがわかります。

相続税で株式の評価をするときは、この貸借対照表の資産について、すべて相続税法上の評価に置き直さないといけませんが、ここでは貸借対照表の簿価が相続税法上の評価額と一致しているものとします。また、貸借対照表では表示されませんが、発行済み株式200株のうちの80%である160株を社長が保有しているものとしています。

損益計算書から、年間の売上高は7億5000万円で年間の税引前の当期利益は5200万円ということがわかります。相続税法で株価を算出するときは、損益計算書ではなく、法人税の申告書で算出される所得を使いますので、正確ではありませんが、この税引前当期利益は、法人税法上の所得と一致しているものとします。

【図表４　Ａ社の財務内容】

貸借対照表

資産 8億円	負債 2億円
	純資産 資本金 1000万円 利益積立金額 5億9000万円 純資産計　6億円
合計　8億円	合計　8億円

損益計算書

費用合計 6億9800万円	売上高 7億5000万円
税引前当期利益 5200万円	

株主資本等変動計算書

剰余金の配当	100万円

配当金は、株主資本等変動計算書に記載されています。A社では、毎年、株主に対し100万円の配当をしています。

そのほかに、役員と従業員の数が必要となりますが、これは財務内容からはわかりません。営業報告書に役員や従業員の状況が記載されている会社もありますが、会社に聞いてみるしか方法はないかもしれません。会社に聞いてみた結果ということになりますが、A社では、役員と従業員の数の合計は18人です。

話がややこしくなるので、ここから先の株価を算出するための細かい計算は省略しますが、以上のような要素を加味しないと、株価の計算ができないということです。

今までお知らせした条件などを使って計算を進めた結果、1株の評価額は117万円になりました。もともとの払込金額は5万円であったのですが、株式の相続税における評価額を計算すると117万円となった会社ということです。

M&Aなどでは、決算に表れていない債務がなく、資産の価値が時価に近いものであれば、A社の株価は純資産額の6億円となります。1株について計算すると、1株300万円ということになります。相続税の評価では、1株117万円ですから、M&Aの価格よりずいぶん安いと思われると思います。

でも、M&Aでは、200株全部を売却するなら、買ってくれる会社があるかもしれませんが、

【図表5　相続財産と相続税の総額】

そのうちの160株だけとなると、誰も買ってくれませんので、売却見込み額としてはゼロと考えるべきです。しかし、相続税では、A社の株式1株が117万円と計算されてしまうと理解すべきなのです。

c．相続税の総額の計算

次に、A社を経営する社長のすべての財産を洗い出し、相続税の総額を計算することになります。この事例では、相続人は被相続人である社長の配偶者と長男、長女の子2人で、民法で定める相続人の合計、税法では法定相続人といいますが、その数は3人となります。社長が保有している財産は、不動産や現預金、上場株式と経営しているA社の株式になります。

未払いの税金や葬式費用などは、債務控除の対象となります。葬式費用を含めた債務総額は500万円となっています。債務を控除した課税財産の総額は7億8000万円となります。

ここから、基礎控除額を控除するのですが、基礎控除額は、3000万円と600万円に法定相続人の数を乗じた額との合計額となります。この場合は、法定相続人の数は3人ですから、それで計算した基礎控除額は、4800万円となります。

課税財産7億8000万円から基礎控除額4800万円を控除した7億3200万円を、配偶者と子が、それぞれ法定相続分（配偶者は2分の1、子はそれぞれその半分の4分の1）で相続したものとして、相続税を計算します。

ここでは、誰がどの財産を相続したとかいうことは考えません。相続財産全体を法定の相続分で分割したときの財産に税率を掛けて税額を計算するのです。その税金の合計額が、相続税の総額というもので、遺産分割の仕方によって総額が変わらないように工夫されています。

その結果、計算された相続税の総額は、2億5340万円という結果になりました。

遺産の分割と事業承継税制による納税猶予額

相続税の総額が計算できたら、ここでようやく誰がどの財産を相続したかを考えます。

よく相続税の相談を受けるとき、「ある特定の不動産だけを取り出して、この不動産にいくらの相続税がかかりますか」と質問されることがあります。相続税を計算するときは、今まで見ていただいたように、被相続人の保有するすべての財産の合計額を算出しないと税率がわかりませんので、相続税額の計算ができません。相続財産の総計がわからない状態では、特定の財産だけ相続税額を

【図表６　遺産の分割による各人別の相続税額】

	遺産合計	配偶者	長男	長女
不動産	4億円	3億円	−	1億円
現金預金	7780万円	2500万円	1500万円	3780万円
上場株式	1億2000万円	6000万円	−	6000万円
A社株式	1億8720万円	−	1億8720万円	−
債務（葬式費用を含む）	△ 500万円	−	△ 500万円	−
課税価格	7億8000万円	3億8500万円	1億9720万円	1億9780万円
（相続割合）	100.00%	49.36%	25.28%	25.36%

	相続税の総額	配偶者	長男	長女
各人別の相続税額	2億5340万円	1億2508万円	6406万円	6426万円

※各人別の相続税額は相続税の総額に各人の相続割合を乗じて求めます。

計算できないこともご理解いただければと思います。

さて、相続税の総額から、相続人の各人別に取得した遺産の割合で、各人別の相続税を計算します。この取得した遺産の割合を計算するときは、先に説明した基礎控除は関係ないものとして計算します。基礎控除というものが出てきたり、出てこなかったりとややこしいかもしれませんが、相続税の申告では、このようなややこしいことをしなければいけないのです。

実際の相続税の申告では、この後、配偶者に対して、配偶者に対する相続税の軽減などがあるのですが、事業承継税制には関係ありませんので、今回は触れないことにします。

ここで挙げた事例では、長男は、遺産分割により、現金預金のうち１５００万円と、先代が経営していたA社の株式を相続しました。さらに、長男は、葬式費用などの債務を引き受けたということを表しています。

これで、A社を引き継ぐ長男の相続税額は、相続税の総額の25・28％である６４０６万円となるというのが計算結果です。長男が相続した財産のほとんどはA社の株式で、現金預金は1500万円しかありません。その現金預金だけでは、6406万円の相続税は支払えないという状況です。

事業承継税制の登場

ここでようやく、事業承継税制の登場となるわけです。事業承継税制では、A社の株式を相続した長男は、A社の株式だけを相続したものとして、相続税の総額と長男が負担する相続税を再計算します。これが、納税猶予額となるのです。このようにして計算した納税猶予額は、5985万1000円となります。

事業承継税制を使うと、長男は、この納税猶予額を控除した残額、420万9000円だけを納付すればいいというのが、事業承継税制です。

これだけ聞くと、事業承継に相当な配慮をしてもらっているので、事業承継には、この制度を使わないと損のように見えます。最近は、国だけでなく、多くの税理士もこの制度を推奨していますので、この制度を利用する納税者が増えてきたようです。

でも、この制度には落とし穴があるので、うかつに利用してしまうと、後で泣きを見ることになります。その危険性は、農地の納税猶予の比ではないのです。後継者がこの制度を利用するときは、相当な覚悟の上で利用することが必要なので、その点を説明していきたいと思います。

複数の制度

事業承継税制は、２００８年に創設された制度ですが、それを使おうとするとあまりに制限が多かったものですから、ほとんど利用されることはありませんでした。

10年経過した２０１８年から、もともとあった一般措置に加え、特例措置が設けられ優遇措置が設けられました。特例措置の適用を受けるには、令和5年3月31日までに、特例承継計画を都道府県知事に提出して、確認を受ける必要があります。

この特例措置によって、納税猶予を受けられる税額が拡大されたものですから、急に利用を検討する納税者が増えました。

また、２０１９年からは、個人版の事業承継税制も登場し、個人経営の事業用不動産などについても、納税猶予を受けることができるようになりました。

事業承継税制は、相続税だけでなく、先にも触れたように贈与税についても特例を定めたものです。従いまして、法人版事業承継税制で一般措置と特例措置、さらに個人版事業承継税制のそれぞれについて、相続税と贈与税の特例が定められているということになります。

事業承継税制といいましても、いろいろあるのですが、本書では、すべての制度について説明できませんので、２０１８年から始まった、法人向けの相続税の事業承継税制のみを説明し、その問題点を指摘したいと思います。

【図表7　中小企業法における中小企業者とは】

業　種	中小企業者（下記のいずれかを満たすこと）	
	資本金の額又は出資の総額	常時使用する従業員の数
①製造業、建設業、運輸業 その他の業種（②～④を除く）	3億円以下	300人以下
②卸売業	1億円以下	100人以下
③サービス業	5,000万円以下	100人以下
④小売業	5,000万円以下	50人以下

会社の規模等

この事業承継税制を使えるのは、中小企業だけです。上場会社や大企業に区分される会社は使うことができません。ここでいう中小企業とは、中小企業基本法で中小企業者と定められている企業です。

その中小企業者の定義は、図表7に記載した内容となっています。

図表7の資本金の額か従業員の数のいずれかが該当すれば、その会社は中小企業者になります。たとえば製造業で資本金が5億円であっても、従業員数が100人であれば、従業員の数が300人以下に該当しますので、中小企業者になるということです。

さらに、中小企業者に該当するとしても、風俗営業の会社と資産管理会社には適用できないものとされています。

この資産管理会社というのは、不動産や現金預金などの特定の資産の総資産に対する割合が70％（資産保有会社）であったり、不動産などの特定の資産からの運用収入が総収入金額の75％以上（資産運用会社）であったりする会社を言います。

中小企業者に該当しても、すべての会社に適用できるのではないので、注意をする必要があります。

先代経営者と後継者

事業承継税制には、先代経営者と後継者についても、制限が定められています。それぞれの要件についてみていきましょう。

【図表8　先代経営者の要件】

①会社の代表権を有していたこと
②先代経営者の親族で総議決権の50％超の議決権を有し、親族の中で最も多くの議決権を有すること

先のA社では、社長1人で80％と最も多くの株式を保有していますので該当します。しかし、残りの20％を奥様が保有していたとしても、社長ではないし、持株数が最も多いわけではありませんので、奥様にはこの制度は適用できないということです。

ここで挙げた事例とは異なりますが、株式が分散されている会社の場合、社長の持株数が株主の中でトップではないということもあります。このような場合は、この事業承継税制は適用できないことになってしまうのです。

【図表9　後継者の要件】

①相続開始の日の翌日から5か月を経過する日において会社の代表権を有していること
②相続開始のときにおいて、後継者と後継者の一族で50％超の議決権数を保有することとなること
③相続開始のときにおいて、後継者が有する議決権数が、次のイまたはロのいずれかに該当すること
イ後継者が1人の場合
後継者とその一族の中で最も多くの議決権数を保有することとなること
ロ後継者が2人または3人の場合
総議決権数の10％以上の議決権数を保有し、かつ、後継者とその一族の中で最も多くの議決権数を保有することとなること
④相続開始の直前において、会社の役員であること

複数の後継者がいるときの問題

ここでは、後継者の問題で、最も大きな問題だけを指摘します。

新しい特例措置では、最大３人の後継者にまで、この特例の適用を受けることができることとされました。だから、図表９の③でイとロに分けて、後継者が１人の場合と、２人または３人の場合という記載になっています。

ここで挙げた事例では、後継者は１人ですから問題はないのですが、複数の後継者がいるとき、大きな問題が出てきます。

仮に３人でこの特例の適用を受けるとき、図表９の①の規定により、その３人は代表者でなければいけません。社長、副社長、専務などとすることになります。そして、図表９の③の規定により、一族の中で、３人とも筆頭株主とならなければいけません。つまり、３人がそれぞれ代表取締役で単独で契約などができる資格があり、３人とも筆頭株主ということになります。

ここで私の経験をお話しします。そのお話は、昭和の時代の相続ですので、この特例とは関係ありません。

そのケースは、１９６５年頃に、若くしてお父様が亡くなられたときから始まります。そのときの相続人である子は男性３人でした。会社の株式を、20歳前後であった兄弟３人は、仲良く均等に分割し、20年ほど経過しました。

その会社は不動産を保有して、その不動産の賃貸をしている会社でした。余計なことで、この事例では関係がないのですが、今説明をした事業承継税制では対象にならない会社でした。

その相続から20年経過した頃にバブルが発生し、土地の価格が急上昇することになりました。

そこで、3人の兄弟の意見が分かれることになり、1人はこのまま不動産を持ち続けようと主張しましたが、他の2人は不動産を売却して、3人で分配しようと主張したのです。結局大争いとなり、兄弟で争った挙句、最終的には裁判で不動産を売却することに決定したのです。

不動産を売却した後、会社は解散し、それぞれが数億円ずつの現金を手に入れることになりました。後日談ですが、その3人の兄弟のうち、二男だけはその後も財産を保持できましたが、他の2人はバブル崩壊に巻き込まれ、すべての財産を失い、三男は破産にまで至りました。

これは、ほんの一例ですが、2人でも3人でも同じですが、1つの物件や会社を兄弟姉妹で均等に相続させるというのは、20年ないし30年後には必ずと言っていいくらい、もめ事が起こります。

会社の引き継ぎだけでなく、不動産の相続でも、兄弟で共有というのは、いずれ大もめとなります。不動産登記などを専門にしている司法書士に聞いても、兄弟で不動産を共有するのはダメだと言っています。

この事業承継税制で認めている3人までに特例を認めるというのは、いずれ大もめとなり、経営がうまくいかなくなることが目に見えているのです。

毛利元就の話

このように最初からもめ事が起こることが明らかな制度を、誰が考えたのでしょうか。このような制度を考え出すのは、わが国の優秀な官僚です。優秀な官僚は、世間でのもめ事なんかは知りません。たぶんヒントにしたのは、かの有名な戦国武将である毛利元就だと思います。

毛利元就の話をしますと、晩年を迎えた毛利元就が、３人の子どもを集め、１本の矢であれば簡単に折れるが、３本の矢では折れない、だから３人の兄弟が協力して毛利家を盛り立てるよう話をしたというお話です。

これは、戦前の教科書にも書かれていたという、有名なつくり話です。３人で協力すればいいのだから問題がないというのが、何でも知っている優秀な官僚の発想なのでしょう。

この毛利元就の３本の矢のお話はつくり話ですが、実際には、毛利元就は１５５７年に三子教訓状という文書を３人の子どもあてに書いています。そこには、確かに、３人の子どもが協力して、毛利家を盛り立てるようにと書かれています。

その３人の子どもとは、毛利隆元、吉川元春、小早川隆景の３人です。名前からおわかりと思いますが、この３人はそれぞれの国の領主になっていたのです。３人が同じ毛利家にいたのではありません。吉川、小早川に行った弟たちも、毛利家に事が起これば、一致協力して毛利家を守れというのが、その教訓状に書かれている内容なのです。

3人の兄弟が、そろって1つの毛利家にいて、3人が協力しろと書いたのではないのです。そこが重要なのです、1つの会社を3人に譲ること、しかも、3人の持株数は同じで、3人とも代表権を持っている、このような譲り方をするといずれもめ事が起こり、経営が立ちいかなくなることは、やり出す前から明らかです。

毛利元就は有能な大名であり、現代風に言うと、有能な経営者であったから、1つの会社、毛利家に3人を閉じ込め、3人に協力しろとは言わなかったのです。3人にそれぞれの会社を与え、事が起これば本家筋に協力しろと言ったのです。

この特例が3人まで認められるから、3人の子どもに譲れると思うのは、大きな過ちであることを肝に据えておいていただきたいと思います。

その他の規定

この特例は、相続税の免除ではなく納税猶予です。納税猶予というのは、何度も言いますが、本来は納税をしなければいけないのですが、納税を国に待ってもらっている状態です。ですから、猶予を受けるためには、猶予額に見合う担保を国に提供することが求められます。さらに、猶予を受けている間は、猶予を受け続けるという意思表示をするために、定期的に届出書を税務署に提出する必要もあります。

この制度には、このような各種の規定が設けられているのです。

納税猶予が終わるとき

この事業承継税制を利用するというのは、納税猶予を受けている中途半端な状態です。何らかの事情の変化があったときは、その猶予が終わり、利子とともに相続税全額を納税しなければならなくなります。

納税猶予が認められなくなるケースの主なものには、次のようなものがあります。

【図表10　納税猶予が認められなくなる主なケース（5年以内）】

経営承継期間内（相続税の申告期限から5年以内）
　後継者が代表権を有しなくなったとき。
　常時使用する従業員数が、相続開始時の80％を下回ったとき。
　後継者の一族の持株数が総議決権数の50％以下となったとき。
　後継者以外の者が、後継者の持株数より多くなったとき。
　後継者等がＭ＆Ａなどにより株式を譲渡したとき。

会社が上場したとき。
会社が解散したとき。
会社の事業が風俗営業となったとき。
会社が資産保有型会社になったとき。
会社の収入がゼロとなったとき。

いろいろとややこしいことが書かれていますが、この期間内に後継者が代表者を退任したりすると、猶予期間が終了してしまうことがあるということです。

問題となるのは、会社が上場したりしたときも猶予は終わりますし、M＆Aで株式を譲渡してもダメとなるということです。

つまり、会社を大きくすることはダメで、事業展開のためにM＆Aで株式を売ってしまうこともダメということです。

さらに、会社の事業が振るわなくなり、従業員を極端に少なくしてもだめですし、事業をやめて保有している不動産の賃貸だけをする事業に転換したりしてもダメということです　事業を止めて収入ゼロとなってもだめですからいくら業績が悪くなっても、従業員を採用したまま、何らかの売上は計上しなければいけないということです。

【図表11　納税猶予が認められなくなる主なケース（5年経過後）】

経営承継期間経過後（相続税の申告期限から5年経過後）
後継者が会社の株式を売却したとき。
会社が解散をしたとき。
会社が資産保有型会社になったとき。
会社の収入がゼロとなったとき。

相続税の申告期限から5年も経過すれば、解放してもらってもいいようなものですが、そうはなりません。猶予を受けるのは、相続をした後継者が亡くなるまでというのが基本です。それまでに、会社をM&Aで売却したり、事業が振るわないから保有している不動産の賃貸業だけをしたりすることもダメですし、収入がなくなってもダメということになっているのです。だから、後継者が亡くなるまでは、どんなことをしてでも事業を継続しないと、納税猶予が切れてしまい、相続税額と利子を納税しなければならなくなるのです。

なぜ、これらが問題なのでしょうか。先に、会社は無限に寿命があるといいましたが、状況によっては、会社の事業をやめたり、事業を存続させるためにM&Aで株式を売却したりすることがあるかもしれません。

ところが、この納税猶予を受けると、事業を引き継いだ人が事業を続けることが重要となり、会社を存続させるために、事業をやめたり、M&Aをしたりする自由はなくなるのです。

事業継続中の問題発生に対応できない

事業を継続する間には、いろいろな問題が発生します。それに対処するためには、いろいろな状況に陥ることがあります。

やむを得ず事業をやめることがあるかもしれません。事業がうまくいかなくなったとき、事業はやめても、不動産を持っている場合は、不動産賃貸業に転身しようというのは、経営者なら考えることです。

でも、資産保有型会社になることは納税猶予が切れる条件となっていますので、そのようなことはできないのです。どんなに苦しくても、従業員をやとい続け、事業は継続しなければならないのです。また、事業継続のために、M&Aで株式を売却したほうがいいというケースもあります。しかし、それはできないのが事業承継税制なのです。

これらの自由が奪われることになれば、仮に事業継続が難しくなったり、従業員の雇用を続けることが難しくなったとしても、選択の道は、現状のまま事業を継続することだけとなります。

事業を続けるというのは、いろいろな山や谷を乗り越えることが必要となります。そのためには、いろいろな道を探ることが必要となることがあるかもしれません。そのような道をなくすことにつながるのが、この事業承継税制なのです。

先に説明した農地の納税猶予であれば、その相続人は、気がすすまなくても耕作さえしていればよかったのです。ところが、事業経営となると、経営者が経営することに気がすすまない状態であれば、会社は倒産してしまいます。そのときは、社長自らも破産することが求められることになります。

このようなことがないように、いろいろと工夫しなければならないのに、事業承継税制を使っていると、工夫の道はなくなると考えるべきです。今の経営者のまま、その経営者が亡くなるまでとりあえず事業を継続すること、これしか道がなくなる可能性を持っているのが、この事業承継税制だということを理解しておくことが重要なのです。

辛い思いをするなら納税の道を選択したほうがいい

これから先、10年や20年が経過した頃、辛い思いをするのなら、今は苦しくても納税の道を選択したほうがいいのです。事業承継税制を選択すると、必ずそのような苦しみを味わうというわけではありませんが、その可能性が極めて高くなるので、できる限りこの制度は使わないで、事業承継を行うことが重要だといえるのです。

事業承継税制を選択するくらいなら、いずれも利息が必要となりますが、相続税を20年間延納して少しずつ納税をしていくか、あるいは銀行で納税資金を借りて一時に納税し、後で銀行に返済をするという方法のほうがいいとも言えます。

事業承継税制を選択した後のことは、以上のお話でおわかりいただけると思いますが、今、事業承継税制をすすめている税理士は、相続税の申告などを専門にしている税理士が多いと思われます。はっきり言いますと、相続税の申告を専門にしている税理士は、事業の経営についてはあまり知らないと考えたほうがいいでしょう。

前章やこの章の前半で見ていただきましたように、事業を継続していくためには、経営理念の確立とその承継が非常に重要となります。経営のことを考えたことがなく、相続税の税額計算だけを専門としている税理士にとっては、会社の経営は二の次です。はっきり言って、そのような経営理念など、どうでもいいのです。

彼らにとっては、事業承継税制を使った相続税の申告をすることが重要なのです。それが、彼らの収入を増やす道だと考えるから、事業承継税制をすすめるのです。決して、あなたの会社の経営とその事業承継を考えてすすめているのではないのです。その点は十分理解しておくことが重要だと思います。

第4章

成功する経営者の資質

経営者のタイプ

会社の経営者には、いろいろなタイプの人がおられます。それは、人間である以上、当然のことだと思います。でも、私が見る限り、この人は経営者としては相応しくないと思うような人もおられます。その一例を紹介しましょう。

例えば、優柔不断があります。人にああ言われれば、あのようにし、こう言われれば、このようにするという人です。人の言うことをよく聞くという面では、素直でいい人かもしれません。しかし、自分で決断することができず、まったく信念らしきものがない人です。このような人は、経営をしていくのは難しいと思います。

次に、今やっているやり方を変えようとしない頑固な人も問題となるケースがあります。経営理念の話で、会社の「あり方」は変えてはいけないと言いましたが、「やり方」は時代にあわせてどんどん変えるべきです。

これも程度の問題ではあるのですが、以前はこのやり方でうまくいったというわずかな成功体験から、過去のやり方を決して変えない人がいます。本人は柔軟性があり、社会の変化に応じて、やり方を変えていると思い込んでいるのですが、傍から見ると、まったく変わっていないということがあるのです。

このような人も、経営者としてはふさわしくないと思います。

また、仕事に無関心な経営者もいます。これは2代目以降の経営者にありがちなタイプです。仕事に無関心なタイプとして、まず付き合いと称して、日々、豪遊をするタイプがあります。お付き合いでお金を使うことも、時には必要です。本人は遊ぶのも仕事のうちだと思っているようですが、毎日遊んでばかりというのは、仕事に関心があるとはとても言えないでしょう。

豪遊をするわけではありませんが、仕事そのものに興味がないというのも困りものです。親から社長の座を引継ぎ、社長にはなったものの仕事に興味がないものですから、仕事の話にはまったく興味を示さず、意見も言わず、何もしないのです。このような人が、事業のトップに立ったときは、その会社は大変なことになってしまいます。

いずれの場合でも、仕事や従業員をそっちのけにしているわけですから経営者としてふさわしいとは言えません。でも、本人にしてみれば、仕事をしているつもりなのでしょうが、そうではないことが多いのです。

以上は、経営者としてふさわしくないタイプの一例です。これ以外にも、いろいろと経営者としてふさわしくないタイプがあるでしょうが、そのようなマイナス面にばかり目を向けていてもいけません。

そこで、本章では経営者としてふさわしいタイプとはどういう人か、私が重要だと思う点について述べたいと思います。

1　プラス思考

成功する経営者に必要な点

成功している経営者は、必ずプラス思考です。プラス思考というのは、物の考え方のことで、物事を前向き、肯定的に認識します。例えば、何か失敗をしたときでも、それにとらわれてクヨクヨするのではなく、それを「いい経験」として、前向きに考えることができる人のことです。

なんでも悲観的に考え、悪いほう、悪いほうに考えるタイプの人は、経営者にはならないほうがいいでしょう。なんでも悲観的に考える人が、後継者であったため社長になったというのであれば、早いうちに社長を交代したほうがいいでしょう。

ただ、逆に、あまりプラス思考すぎて、どんな難問が出てきても意に介さない人もいます。これは、プラス思考というのではなく、無頓着というのです。何にも気がつかない無頓着は問題ですが、ある程度気がつくのであれば、何事もプラス思考で考えることが望ましいのです。

いくらプラス思考に考えるといっても、経営者には悩みがつきものです。それらの悩みを棚上げにしていては大きな傷になることもあります。

悩みについては、できるだけ早く解決することが必要です。いくらプラス思考の経営者でも、

１人で解決するのは難しいときもあります。そのようなとき、親身に相談に乗ってくれる相談相手が大切なパートナーとなります。成功する経営者には、必ずそのようなパートナーがいるように思います。ぜひ、そのようなパートナーを見つけることをおすすめしたいと思います。

プラス思考であるかどうかは、物事をどう考えるかということです。成功している経営者は、しっかりと現実に目を向け、いろいろと悩み、問題点を解決しながら行動しているのですが、その考え方が、常にプラス思考からスタートするのです。

以前、国税庁が個人の高額納税者を発表していた当時、常に高額納税者として名前が出ていた斎藤一人さんという人がおられます。斉藤氏は、次のような話をされます。

30階のビルの屋上で、ある人がボールペンを落としました。たまたま、そのビルの下を歩いていた私の右肩にそのボールペンが当たったとします。ボールペンといえども、30階のビルの屋上から落ちてきたとすれば、そうとうなスピードで肩にあたるわけですから、大きなショックを受け、大けがをすることが考えられます。

そのとき、斉藤氏は「よかった」と思うとおっしゃっています。もし頭に当たっていたら、死んでいたかもしれない、それと比べたら肩のケガだけで済んだのは幸いだと思うというのです。

ここまで何でもプラスに考えられる人は少ないでしょうが、成功している経営者はそのように考えているのです。常にプラス思考、これが成功する経営者に必要な点なのです。

2　ぶれない心

会社が進むべき方向は常に一定にする

経営理念に通じるものがありますが、経営者は心がぶれないことが大切です。

経営の戦略とか戦術は「やり方」ですから、朝令暮改があるかもしれません。経営者は神様ではないので、すべてを見通して常に間違いない方向に進めるものでもありません。あまり間違いばかりでは問題ですが、間違ったときはすぐに方向転換する必要があります。

しかし、その進むべき先が、あっちを向いたり、こっちを向いたりしていたのではいけないのです。戦略、戦術は、いろいろと変わることがあっても、進むべき方向は、常に変わらないようにしなければなりません。

そのために、経営理念で会社の「あり方」を明確にし、進むべき道を明らかにしておくことが重要なのです。また、どちらに進もうかと悩んだときにも、経営理念に照らして、どちらを選ぶかを選択することが必要です。そのようにして、会社が進むべき方向を常に一定にすることが重要です。

経営理念だけをつくっても、経営者があれもいい、これもいいと迷っているのでは、ほんとうに前へ進むことはできません。経営者の心も常にぶれず、経営理念に沿った判断ができることが必要となるのです。

3　あきらめない心

経営者もあきらめない心が不可欠

会社が進むべき方向に向かっていたとしても、常に勝ち続けられるとは限りません。成功した経営者は、うまくいかなかったときでも、あきらめることをしなかった人たちです。

人間の心は弱いものですから、うまくいかないときは、ついつい弱気になり、目標をあきらめてしまうことがあるかもしれません。しかし、成功した経営者を見ると、その人たちは決してあきらめません。少々の失敗にもめげず、その進むべき方向に向かって、何度も挑戦し、それを達成していくのです。

発明王として有名なエジソンは、研究が失敗続きで、ようやく1万回目に電球の開発に成功しました。人から「1万回の失敗で大変でしたね」と言われたとき、「1万通りのうまくいかない方法を発見しただけだ」と彼は言ったそうです。

1万回というのは大げさに言っているのだと思いますが、普通の人間なら、すぐにあきらめてしまいます。でも、エジソンのように成功する人は、決してあきらめないのです。経営者にも、同じくあきらめない心が不可欠なのです。

ところが、失敗する人は、いとも簡単にあきらめてしまいます。本人には本人なりの考えがあるようですが、言い訳にしか聞こえません。なんとか理由をつけてあきらめる人は、経営者にはふさわしいとはいえないでしょう。

4 めげない心

めげない心で常に前向きに進む

成功している経営者でも、やったことが必ず成功に結びついているわけではありません。先のあきらめない心とも関連しますが、成功している経営者は仮に失敗をしても、めげることがありません。だから、あきらめないで次のチャレンジをしていけるのです。

人間には生まれついての資質があります。ちょっとした失敗でも、この世が終わるかのような気持ちになり、どん底に落ち込んでしまう人もいます。申し訳ありませんが、そのような人は経営者には向いていません。

経営者は、常にめげない心で前向きに進むようでないといけません。人間は必ず何らかの失敗をします。その失敗に、いちいちめげていては経営者は務まらないのです。

5　チャンスに目ざとい

どこにチャンスがあるのかに目ざとい

創業経営者のお話を聞くと、まったく得意先がないのに、どんどん営業をかけ、お付き合いをはじめていただくことから商売を始めた人が多いものです。また、そのような創業者は、ある商品の特徴をつかむと、他の商品と組み合わせてもっと便利なもの、性能がよいものなど、組み合わせの妙により、商機をつかんだ人も多いと思います。

２代目になると、すでに取り扱っている商品群がありますので、その商品群の中でなんとか売ることを考えるだけで、新しいものに食いつかない人もいます。私などのような外部の者から見ると、チャンスをみすみす見逃しているように思うこともあるものです。岡目八目といいますが、やっている本人より、外部から見ているほうがよくわかることもあるのです。

この商品とあの商品を組み合わせたらどうなるか、あるいはこの商品をあのお得意様に持ち込んだら、どのような展開があるかなど、成功した経営者はいろいろな工夫をしています。

戦後に会社を立ち上げ成功を収め、その戦後のままの商品で、少しデザインを変えただけで、そのまま商売をしていた会社もあります。伝統といえば伝統かもしれませんが、まったく変化がなかったものですから、時代の流れについていけず廃業に至った会社もあるのです。

身の回りには、商売のチャンスが転がっている可能性があります。特に、2代目以降の経営者には、そこからチャンスを見つける努力をしていただきたいと考えています。

今扱っている商品についても、新しい取り組みによって、新しい使い方などを開発し、それをお客様に提案することにより、チャンスをつかむことができます。

どこにチャンスがあるのか、それに目ざといのが成功する経営者の特徴だといえます

6　学ぶ

学ぶことと考えることを重視すべき

経営者には、常に学ぶ姿勢が求められます。現状に満足してしまい、学ぶことを忘れたのでは、もう一歩も前へ進むことはできません。「まだまだ、改良できるはずだ」あるいは「違うやり方があるはずだ」というような考えを持てるのは、学んでいる人だけです。学ぶことを忘れ、現状に満足してしまうと、改善ができなくなります。

学ぶというのは、本を読むだけではありません。人から情報を得たりすることも、学ぶことにつながります。常に好奇心を持ち、学ぶ姿勢が大切です。

ただ、経営者の集まりなどで学ぶのはいいのですが、翌朝目が覚めると、昨夜学んだことはすでに忘却の彼方ということがよくあるようです。これなどは学んだとは言えないと思います。また学んでそれを実践することが重要なのですが、逆に学んだことを何の考えもなく実行してしまうというのも困りものです。

このようなことを、かの孔子先生は、次のように仰っています。

学而不思則罔、思而不学則殆（学びて思わざれば則ち罔《くら》し、思いて学ばざれば則ち殆《あやう》し）。

「学んでも何も考えないのでは理解することはできない。また思うだけで何も学ばないのは独断に落ち込み危険である」という意味です。

ここで「学ぶ」とは、新しい知識や情報を手に入れるということです。「思う」というのは、学んだことについて考えるということです。

学ぶことが常に必要なのですが、学んでも何も考えないというのは、何もしないということです。これでは、何も学ばないほうがましということかもしれません。常に、学んで考えることが必要なのです。

逆に考えるだけで何も学ばない人は、独断に陥ることがあります。いろいろと考えるので、本人はいいアイデアだと思うのでしょうが、学んでいないものですから、すでに時代遅れということもあるのです。常に、学ぶことと、考えること、この両者を大切にしないといけないのです。

7　はやりに流されない

はやりに飛びつくと失敗しやすい

いろいろな経営者から、今、世間でどのようなものがはやっていますかと聞かれることがよくあります。そのように聞く人たちは、話を面白くするために、そのような質問をしていることが多いのですが、話題づくりであるならそれでいい話です。

ところが、中には、今、はやっているものに目がつけば、すぐにそれに飛びつく人がいます。私が今まで見てきた限り、はやりに飛びつく人は、そのはやりの終焉とともに、経営に失敗しています。

特に、今はやっているものに飛びつこうとする人は、必ず失敗します。すでに世間ではやっているものは、すでにピークにきているか、ピークを過ぎていることが多いのです。それに大金を投じて飛びつくと、飛びついたとたんにピークは去ってしまい、あとは残骸を廃棄するだけとなるのです。

約30年前のバブルの当時、株式投資や不動産投資がはやりだと言って、その流れに乗った人は、ほとんど消え去ってしまいました。順調に経営を続けていこうとすれば、はやりに流されてはいけないのです。

8　人が好き

人を大切にする心が重要

成功している経営者は、人が好きだと思います。こわそうな顔をして、とっつきにくそうな人でも、話をしてみると、いい人であることが多いのです。成功している経営者は、人が好きなものだから、自分が興味をもった人とは、いろいろな話をしたいと思うのでしょう。

だから、成功した経営者の周りには、人が集まってきます。いろいろなタイプの、いろいろな業種や職種の人が集まってくるのです。そうすると、そこから新しい商機も生まれてくるのです。付き合いが広いという経営者は、基本的に人が好きな人なのです。

また、そのような経営者は人が好きですから、従業員を愛し、自分の家族だけでなく、従業員の家族も大切にします。その結果、みんなから信頼を集め、事業がうまくいきます。

高齢の経営者などで、こわそうで、人を寄せ付けないような、見るからに頑固そうな人もいます。でも、私の経験からすると、そのような人でも話をしてみると、実は心がやさしく、人が好きなタイプの人であることが多いのです。成功した経営者は、基本的に人が好きだと思うのです。

9　人をうらやましく思わない

自分の道を歩む

人間は他人がうまくいっているのを見ると、うらやましく思うものです。思うだけでなく、うまくいっている人のマネをしてみたり、後を追いかけてみたりすることもあるでしょう。また、極端な場合は、うまくいっている人を失敗させるために、よからぬ企みをする人があるかもしれません。

人の成功をうらやましく思うのは、人間の性《さが》としてしょうがないのかもしれませんが、そのような思いはできるだけ避けるべきです。

般若心経のところで述べましたが、空の世界は「不生不滅　不垢不浄　不増不減」です。人が先に成功したとしても、自分の成功の道がなくなったわけではありません。いくらでも成功の道があり、成功の余地もあるのです。心配せず、自分の道を歩むべきです。

人の成功を見ると、どうして自分はできないのかと悩むかもしれません。その解決策、答えは、自分の心の中に必ずあります。うらやましく思っているよりも、どのようにすれば自分が成功できるかを、じっくりと考えれば、答えは必ずあるものなのです。

10　順法精神

違法行為に近づかない

新聞やテレビなどを見ていると、法律違反により、経営者が逮捕されるというケースがあります。経営者といえども、聖人君子ではありませんので、ふとした油断から過ちを犯してしまうことがあるかもしれません。また、本人が違法と知らずにやったことが、違法行為であったということもありません。そのため、成功している経営者は、自ら法をやぶることだけでなく、無知から違法行為となることにならないよう、常に注意をしているものです。

これは税金についても言えることです。税金は法律によって課税されるものです。法律に則って、申告と納税をするのは、国民の義務です。成功した経営者は、法律に則った申告と納税を常に心がけています。うっかりミスで、申告漏れがあることもありますが、成功している経営者は、そのようなうっかりミスがないように常に心がけています。

そうではなく、違法行為をして儲けようという輩もいます。故意の脱税なども、その類です。このような不法行為を目的として何かをする人は、当然、税金などは払いませんから、とても儲かります。多分、あまり儲かるので、やめられなくなるのでしょう。言ってみれば、麻薬みたいなものとも言えるかもしれません。

でも、そのような不法行為や脱税などで、経営において成功した人はいません。不法行為で一時的に儲かったように見えるかもしれませんが、刑務所暮らしを余儀なくされたり、巨額の罰金を科せられたりして、結局は儲けがなくなってしまうのです。あるいは、裏の世界で生きることしかできず、表の世界には出てこられないということがあるかもしれません。

成功した経営者は、このようなことにならないよう、常に順法精神を大切にし、事業と生活を続けているのです。成功している経営者には、とりあえず法律さえ犯さなければ、ギリギリのところでセーフであればいいという人もいないように思います。違法行為には近づかないようにしているのが、成功した経営者であると思います。

11　責任感

責任は取らなければいけない

成功する経営者は、責任感をもって仕事に当たっています。自分のやるべき仕事を、責任をもって行うのは、当然のことです。それだけでなく、何か問題が起こったとき、それを人の責任にしないというのも、成功した経営者の特徴といえます。

「敗軍の将、兵を語らず」という言葉があります。もともとは、戦で負けた軍のトップは、戦い方について語る資格はないという意味ですが、最近は、部下の責任にしてはいけないという意味で使う人もいます。故事の誤用を指摘したいのではないのですが、経営で失敗した経営者は絶対に部下の責任にしてはいけないのです。

一時、「忖度」という言葉がはやりました。上司から具体的な指示がなかったとしても、その考えを汲んで、部下がその考えに沿った行為をすることです。部下と言っても、上層部までのし上がってこられる人は優秀で、当然のことですが、もともと忖度ができる人です。優秀な部下であるほど、忖度は必ずするものです。そうでないと、上層部まで上がってくることはできないのです。

しかし、何か問題が起こったとき、トップが忖度をした優秀な部下を切り捨てるようなことはすべきではありません。部下をかばうことはあっても、部下に責任を押しつけるのは、経営者にはあってはならない態度です。部下に責任を押しつけることは、経営者の道に反することになります。経営者は、最後まで責任をとらなければいけないのです。

忖度をした部下を切り捨てても何も問題が起こらないのは、政治の世界では通用するのかもしれませんが、経営の世界ではそうはいきません。

部下が忖度をしたか否かにかかわらず、部下を守り、最後まで責任を取るのが経営者です。経営者は、そのような厳しい状況に置かれていることを理解している人が成功に至るといえるでしょう。

12　感謝の心

「ありがとう」の言葉

　成功している経営者からは、常に感謝の言葉を聴かせていただきます。「ありがとう」という言葉が、常に自然と口から出てくるのです。「ありがとう」の言葉は、周りの人を幸せた気持ちにします。それが、プラスに働いて、よい方向に向かうのです。

　逆に、不平不満ばかり言う人がいます。このような人と一緒にいると、精神的に疲れてきます。一緒にいることが、苦痛となるのです。不平不満ばかりでは、人は集まってきません。不平不満ばかりの人は、人が離れていくことで余計に不平不満を募らせることになるのでしょう。

　成功する人は、常に「ありがとう」と言いますから、近くにいるだけで幸せな気持ちになれます。だから、余計に人が集まり、その中からいいアイデアも出て、事業もうまくいくのです。感謝の言葉は、とても大切なものです。

　言葉に表さなくても、常に感謝の気持ちを持つことも重要です。第1章で般若心経のまじないの言葉を紹介しましたが、まじないの最後の言葉は「菩提薩婆訶」で、これは感謝の気持ちを表していると私は考えています。「ボジソワカ」と発音しますが、そのボジに当たるところの文字は、菩《ぼ》提《だい》となっています。

私は、菩提は代表として表現しただけであり、神さまや仏さま、いろいろ教えてくださる人、先祖、両親、家族、すべてを含むものと考えています。すべてに感謝を忘れない人、それが成功する経営者であると、私は確信しています。

最後に、経営ではなく、人間の生き方についても紹介したいお話があります。

もう20年近く前になりますが、あるお医者様が話しておられたことです。

人間は、年をとると誰でもボケてくるものです。程度の差はあっても、ボケを避けて通ることはできません。そのとき、上手にボケる方法があるというのです。

それは、若い頃から、常に「ありがとう」という言葉を口に出すことだというのです。常に「ありがとう」と言っている人は、年をとってボケたとしても、自然と「ありがとう」という言葉が口から出てくるというのです。逆に、若い頃から常にグチを言っていた人は、ボケると余計にグチを言います。その結果、周りの人から嫌われることになってしまい、誰も相手にしてくれなくなるというのです。

常に感謝の気持ちをもち、それを「ありがとう」という言葉で、実際に口に出すことがいいのです。そうすれば、経営だけではなく、生きていく上でも、必ずプラスになるのです。

「ありがとう」の言葉は、魔法の言葉といえるでしょう。

12の資質について

以上が、私が経営者としてふさわしいと思う12の資質です。

私は、今までたくさんの経営者の方々とお会いし、いろいろとお話も伺わせていただきました。その経営者の方々はすばらしい方たちで、その方々が、どのように考え、行動しているか観察し、見出したものということになります。

ところが、わずかですが、「この人は経営者としてはどうも」と思う人もいました。そのような人の考え方や行動は、反面教師という意味で使わせていただきました。

このようなことを言うと、しっかりと、その人の考え方や行動を見たわけでもないのに、大変失礼なことになると思います。でも、そのような人が経営する会社では、事業が上手くいっていないのです。

その結果を見て、原因は何かと考えた結論ということです。そのような会社では、まず経営理念を重視しないということがあります。それ以外に、経営者の考え方や行動に問題があると思われることがあったのです。そのような点から、経営者として成功するためには、このようなことに気を付けなければいけないとしてまとめさせていただきました。

ここで紹介したいろいろな資質は、経営者としてふさわしいと私が考えるだけであり、絶対的なものとは言えません。でも、何か1つでも参考にしていただければ、ありがたい限りです。

第 5 章

目標管理のやり方

今まで、経営理念の考え方、つまり会社のあり方について述べてきました。あり方をしっかりと維持しながら経営を続けるための経営者の資質についても述べてきました。しかし、これだけではどうやっていいのかわからないという疑問が出てくるようです。そこで、この章では目標管理のやり方について、その概略を説明いたします。

本書は、経営理念の重要性を理解していただくための本です。目標管理のやり方については、いろいろな書籍が出版されていますので、それらを参考にしていただいてもいいと思います。

しかし、世間のハウツー本で取り上げられているのは、私には小手先の計画づくりでしかないように思われてなりません。私は、目標管理も経営理念とつながったものでないといけないと考えています。その目標管理はどうすべきかを確認していただきたいと思います。

1 「あり方」と「やり方」の区分

経営理念の言葉にとらわれない

経営理念は、その会社の「あり方」を示すもので、これは変えてはいけません。私どもの事務所ではお客様に100年企業になっていただくための指導をさせていただいておりますが、そこでは経営理念は少なくとも100年間は変えない覚悟で決定していただくことをお願いしています。

経営理念は、その会社の「あり方」を決定するものです。一方、経営の「やり方」というのは、その時代、時代に応じて変わっていくべきものです。「あり方」と「やり方」は区別して考えなければならないのですが、実際にこのような話がありました。

ある会社の経営理念に「お客様」という言葉が使われていました。その社長は2代目であり創業者がつくられた経営理念を大切にしていたのですが、その「お客様」という言葉により、今のお客様にとらわれてしまい、お客様が変わることを嫌がり、今のお客様との取引を維持することだけを重要と考えるようになったのです。その結果、新たなお客様の獲得がおろそかになり、業績を悪くしてしまったのです。

経営理念に「お客様」という言葉が仮に使われていたとしても、現在のお客様だけで100年間固定するわけではありません。その時代、時代にあったお客様が出てくるのです。その、それぞれの時代に相応しいお客様に対応できるように決定されたものが経営理念なのです。

経営理念で100年間維持すべきものは、その時代に応じたお客様を大切にする「心」です。実際のお客様は「やり方」に属するものです。仮にお客様を総入れ替えすることがあっても、それがその時代にあったお客様であると考え、その都度、その都度、対処方法を変えていくべきなのです。

このような話を第三者が聞くと、そのようなことがわからないのかと思われるでしょう。しかし、当事者になってみると、言葉にとらわれてしまい、混乱することがあるのです。こういうことが起ころことを想定して、何が「あり方」で、何が「やり方」なのかを、はっきりと区分することが最初にやるべきことなのです。

2　経営理念に基づくビジョンの形成

100年後も今と同じ人間が生きている

100年間維持すべき経営理念が定まったとしても、活動するのは毎年、毎年であり、もっと言えば毎日、毎日ということになります。経営理念だけでは、日々、どう動いていいかわからないということになります。そこで、具体的な目標設定が必要となるのですが、経営理念だけで毎年の目標設定などができるわけではありません。

まず100年間維持する経営理念に基づいて、100年後の世界と会社の姿をイメージします。そのイメージを具体的にビジョンとして描くことになります。

100年後というと、そのような未来はどのような社会になっているのかわかりません。100年後ではなく、逆に、今から50年前にさかのぼってみてください。その当時は、パソコンなんかもありませんし、50年後には、子どもでもスマホを持ち、インターネットを自由に使うという世の中になるなんて、想像することすらできませんでした。

50年後のこともわからないのに、これから１００年先を考えろと言われても、どんな社会になっているかは全く検討もつかないので、自社の姿などはわからないということになります。

１００年後の世界がどうなっているかはわからないのですが、どのような世界になっていたとしても、今生きている人と同じ人間が住む世界であることだけは変わりません。技術のことなどは抜きにして、１００年後も今と同じ人間が生きている世界であることを想像して、そのときの世界の状況をイメージとして描くことが重要です。

そして、その１００年後の世界の中で、自分の会社が、その理念からすると、どのようなことをすべきなのかということを考え、それをイメージするのです。そのイメージした姿が１００年後の自分の会社の姿・ビジョンとなります。

私自身は、言葉にあまり執着がないので、イメージと言ったり、ビジョンや姿と言ったりします。イメージは頭の中で描いたものですが、そのイメージを具体化したものが姿でありビジョンであると考えていただければいいと思います。

さて、１００年先のビジョンなど、夢のまた夢という感があるかもしれませんが、そのビジョンを描くことが重要なのです。会社は、経営者が描いたそのビジョンに向かって進んでいくものですから、そこをしっかりとできるだけ具体的に描くことが重要なのです。

このようにして描いたビジョンなんかは、絵空事だと言う人があるでしょう。１００年後のことなど、誰にもわからないのですから、絵空事で仕方がないのです。でも、経営者が、その絵空事を自社の100年後の姿としてイメージしておくことが重要なのです。

世界は思いのままになりますので、経営者の思いから生まれたビジョンこそ、間違いのない100年後の世界であり、会社の姿なのです。

3 ビジョンから計画へ

100年後のビジョンから3年後の計画へ

そのようにして経営者が100年後のビジョンとして描いた会社の姿になるために、次に、30年後には少なくともこのような姿になっていなければいけない姿を描きます。30年後の姿は、100年後の姿からの逆算で考えるのです。そして、またそこから逆算をして10年後の姿を描きます。これらが、それぞれ30年後、10年後のビジョンとなります。

このとき、この10年後のビジョンが重要で、おぼろげな姿を思い浮かべるのではなく、予想される姿を明確にし、そのときの貸借対照表（Balance Sheet、ＢＳと略称）と、損益計算書（Profit & Loss Statement、ＰＬと略称）を作成します。

会社の経理担当者に「10年後のＢＳやＰＬをつくってほしい」と依頼しますと、そんなことはで

【図表12　100年ビジョンから３年計画】

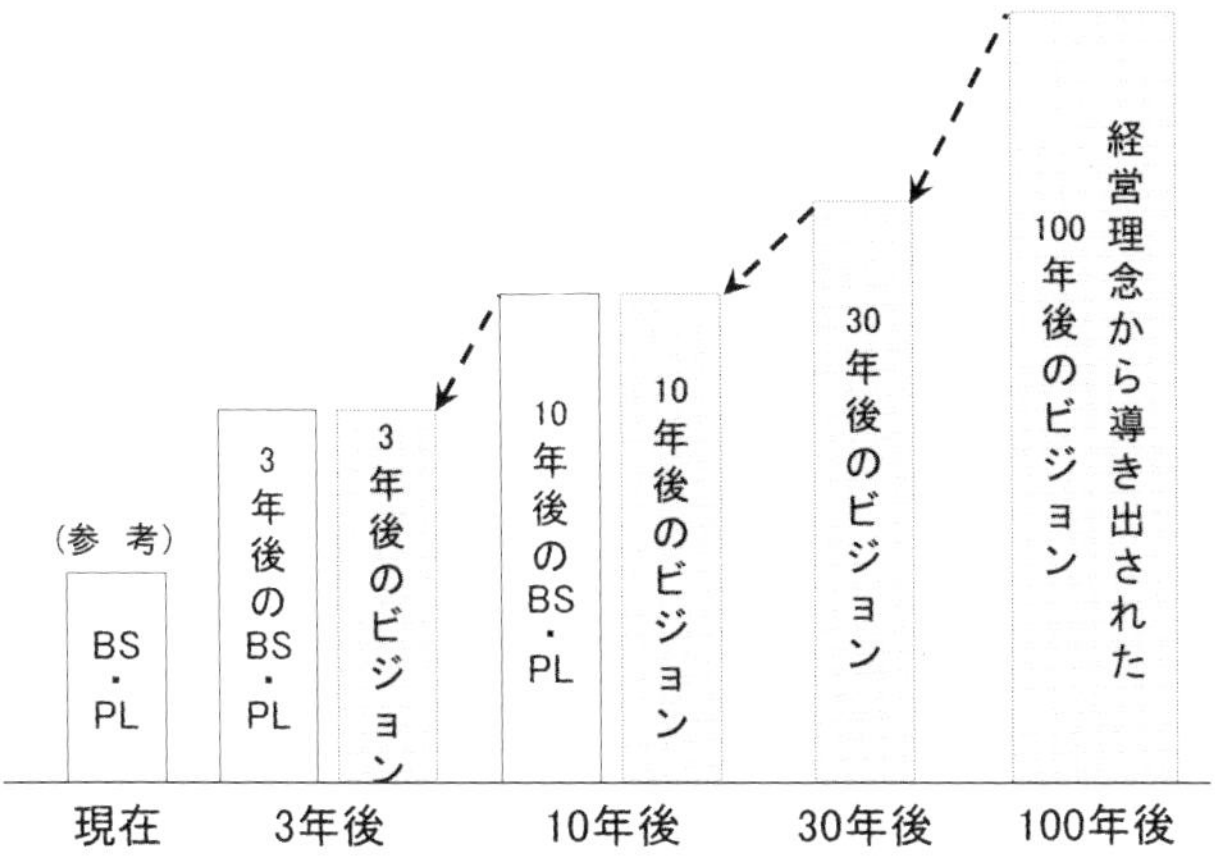

きないという答えが返ってきます。経理担当者は、日々の取引を積上げていくことはできても、いきなり10年後のビジョンからＢＳやＰＬをつくれと言われても無理なのです。

その点については、私たち公認会計士や税理士という会計の専門家でも同じことです。いくら会計の専門家でも、何もないところから、ＢＳやＰＬをひねり出すことはできないのです。

ここで作成するＢＳやＰＬは、経営者の描いたビジョンから自らつくる必要があるのです。経営者ですから、１００年後のビジョンから逆算してきた10年後の自社の姿について、主として、次の主要な項目をイメージできれば数値で表すことができるはずです。

①経営革新の内容

②売上（売上先）

③仕入と外注費（仕入先、外注先）

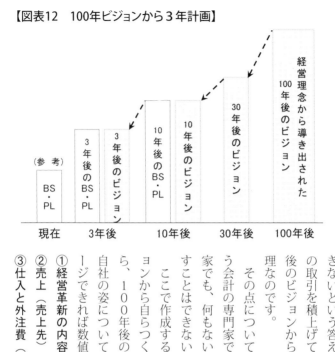

④在庫
⑤従業員の人員と給与水準
⑥設備の状況
⑦借入金の状況

10年後のBSとPLは、これらの数値などから計算することになります。ただ、いくら経営者であっても何のデータもなしに、いきなり10年後のBSとPLを作成することはできません。現在のBSとPLから推測するしかありませんが、現在の数値からできるかどうかを考えるのではなく、現在のBSとPLを参考としながら、10年後のビジョンからBSとPLを推測するのです。

作成にあたって、あまり細かい点にこだわってはいけません。おおざっぱでいいので、数字をまとめなければならないのです。

そこで最初に取り組むべきは、この10年以内の経営革新の内容を明確にすることです。経営理念から逆算してきた10年後のビジョンに至るには、現在の会社のどこを、どのように変革するのかが重要となるのです。それを考えないと、10年後のビジョンには、到底たどり着かないということになるのです。

その経営革新に基づいて、10年後には会社はどのような事業をしており、お客様や仕入先様などはどのようになっているか、従業員数はどの程度かを考え、売上高などの重要な数値に反映させるのです。そうすれば、会社の現在のＢＳとＰＬを参考にするだけで、10年後のＢＳとＰＬは作成できます。

そのとき、特に重要なものは、売上、仕入、在庫、人件費です。それら以外で、資金面で重要となるのが、設備の状況と借入金の状況です。10年先も今と同じ設備で活動するというわけにはいきません。途中で設備投資も行い、それに伴い借入をするかもしれません。そのような状況についても10年後をイメージし、数値にまとめます。

ただ、経営者には経営の力はあっても、ＢＳやＰＬをつくり上げる会計の力が不足しているかもしれません。売上高や設備の状況はわかったとしても、ＢＳを作成するために必要な売掛金や受取手形等の残高、あるいは在庫の残高などをどう計算すればいいのか、わからないかもしれません。また、設備投資額はわかっても、その帳簿価額はどうすればいいのかなど、計算することなどできないという話になると思います。

そのようなときこそ、その不足している部分について、公認会計士や税理士などの会計の専門家の力を借りるようにするのです。主要な部分については、経営者が責任をもって数値をまとめ、最終の数値の仕上げについてだけ専門家の力を借りるのです。

間違ってはいけないのは、「私にはわからない」と言って、売上からすべての項目について、会計の専門家に任せきってはいけないということです。会計の専門家は、会計の専門家であり、経営の専門家ではありません。経営の専門家は、経営者自身しかいないのです。どのような経営状態にするかは、経営理念から導き出されたビジョンに基づいて経営者がつくるしかないのです。

3年後への逆算

10年後のビジョンとBSとPLができあがると、次に3年後のビジョンと、それを数値で表したBSとPLを作成します。ここでは、10年後の姿より、さらに明確に、そしてより詳細に決定されなければいけません。ここでも、10年後の姿から逆算した3年後の姿をもとに、現在のBSとPLを参考としながら、3年後のBSとPLを作成します。

なぜ、3年後なのかというと、5年後では経済環境が大幅に変化している可能性があり、不確実となるからです。また、1年後だけだと10年後につながる姿としては、期間が空きすぎています。10年後につながる姿として3年後を描けば、それを約3回繰り返せば、ほぼ10年後の姿になれると考えやすいので、3年後のビジョンを描くことが重要となるのです。

ここで3年後を3回繰り返すと言いましたが、3年だから10年間の成長のほぼ3分の1の数値という訳ではありません。最初はわずかな成長しかしなくても、期間を追うに従って急速に成長することがあります。そのような状態を想定するなら、最初の3年は、準備期間として、わずかな成長であっても、年を追うごとに徐々に伸びが大きくなり、10年後の姿になるということもあります。

このような場合であれば、最初の3年はわずかな成長であっても構いません。3年後にどのような姿になれば、10年後の姿になれるかを想像して、3年後のビジョンを作成するのです。そして、それをBSとPLにまとめるのです。

3年後の姿は、100年後の姿になるための最初の一歩となる一里塚です。そこをおろそかにしないで、しっかりと考えることにより、100年後の姿になれるかどうかが決まるといっても、過言ではありません。

3年後の姿として、絶対にやってはいけないことは、今年の延長から3年後の姿を決定してしまうことです。「これくらいなら」と思われるかもしれませんが、最初が「これくらいなら」であれば、10年後もこれくらいとなり、30年後もこらくらいで、ましてや100年後となると、どうなっているかわからないのです。

3年後の姿に命をかけるくらいの意気込みで、3年後のビジョンとBSとPLをまとめることが必要となるのです。

3年後から初年度計画へ

計画づくりの最後の段階は、現在の決算の数値から、3年後の姿になるように、3年間の毎年の数値による計画づくりとなります。そこでも、各年度のイメージを描きビジョンを明確にし、その

【図表13　3年後から初年度計画へ】

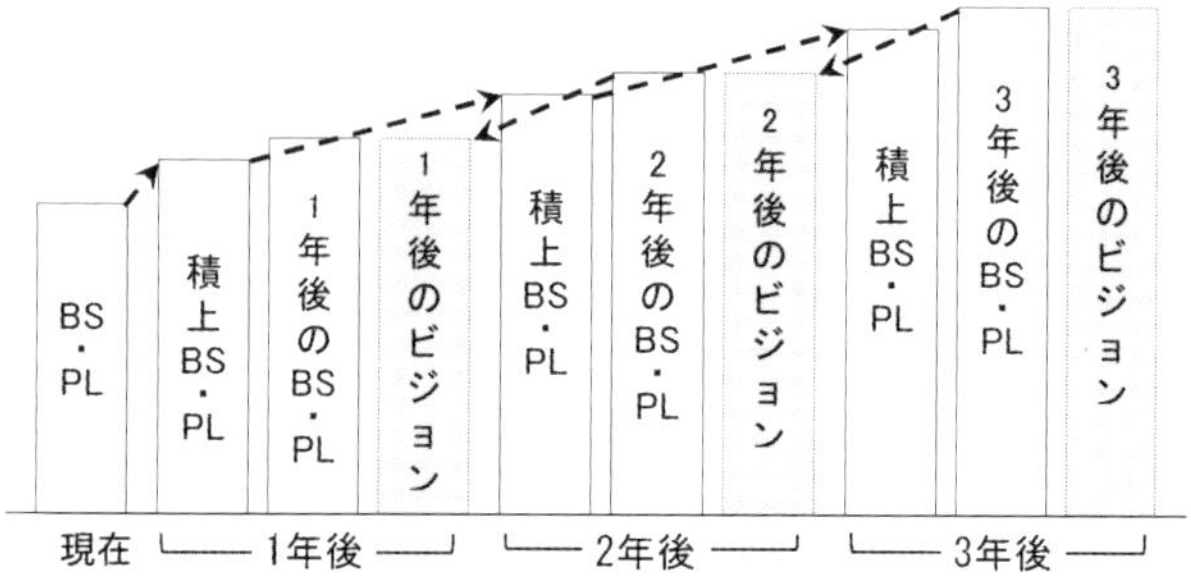

ビジョンから作成されるBSとPLによって計画とします（図表13の左向き矢印）。ここでも、3年間の毎年のビジョンづくりが重要となるのです。BSとPLは、そのビジョンに基づいて作成されるものでなければなりません。

世間では、3年間の計画を中期計画などと言って、今期の実績を基に、今後の3期間の売上高などの予測をして、3年後にはこうなるという積上げ計算が行われることが多いように見受けられます（図表13の右向き矢印）。

これは、ここで取り上げている計画ではありません。図表13では、矢印があっちを向いたり、こっちを向いたりして、ややこしくなっていますが、毎年の計画をつくるのは、3年後から1年後に向かう矢印です。

現在の数値から順を追って3年後にたどり着くという積上げ計算は、計画や目標とすべきものではありません。積上げ計算による目標は、経営者の意思が反映されていないので、採用すべきではないのです。

4　計画・目標づくりについて

どうしてBSまで作成するのか

ここで話を変えますが、10年後から直近3年間の計画では、PLだけでなく、BSまで作成します。どうしてBSまで作成するのでしょうか。その点について、考えておく必要があります。そこを理解しておかないと、BSなんか要らないとして、手を抜いてしまうことになってしまいます。

BSの必要性を理解するためには、会社がなぜ倒産するのかについての理解が必要です。企業が倒産するのは、利益が出ないからではありません。倒産した会社のデータを見ると、倒産前には赤字に陥っていることが多いのですが、黒字でも倒産している会社があります。倒産に至る原因は、利益の問題ではなく、資金の問題なのです。

資金の問題というのは、資金不足ということですが、資金不足をもたらす原因にはいろいろあります。

やはり、資金不足をもたらす最も大きな原因は赤字です。赤字が続くと、それが原因で資金不足となり、最後は倒産に至ることになります。だから、赤字は倒産にいたる最大の原因となるのです。

しかし、赤字が続いていたとしても、借入金などで資金さえつなぐことができれば、当面は倒産を免れることができます。だからといって、何も手を下さないと、いずれ倒産に至ると考えるべきで、赤字には特に注意を払うべきです。

資金不足の最大の原因は赤字経営ですが、実は赤字以上に怖いのは放漫経営です。これは経営者の経営に対する姿勢によるものですが、これのほうが毎年の赤字より怖いとも言えるのです。赤字を気にしている企業では、なんとか赤字から脱却しようとして努力はしています。放漫経営というのは、何もしないということです。

放漫経営というと、現在利益が出ているからといって、毎日、遊びほうけている経営者というイメージになると思います。ここで言いたいのは、それだけでなく、赤字などで資金が不足しかけているのに何も手を打たず、ただ惰性だけで経営しているケースです。これも遊びほうけている経営者と同じで、私は放漫経営だと考えています。

放漫経営は経営者の経営姿勢に問題があるのですが、そのような会社は以前の業績がよかったところが多いものです。その業績のよかった当時の経営のやり方から、何時まで経っても抜け切れず、業績が悪化しても何もしないことがあるのです。

そんなことはないだろうと思う方も多いと思いますが、私は実際にそのような事例をいくつも見てきました。過去の栄光を忘れられず、その当時のやり方を変えることができず、外部から見ると放漫経営といわれるような姿になっているところも結構あるのです。それを続けていると、いずれ倒産に直面することとなるのです。

次に資金不足になる原因は、過大な設備投資や、在庫の持ちすぎなどがあります。過大な設備投資や過大な在庫というのは、将来その会社の製品が売れるであろうということを前提として行われます。

その投資をしたときは、過大な投資ではなかったはずですが、製品が思ったように売れないことが続くと、結果的に過大な設備投資や過大な在庫となってしまいます。過大投資や過大在庫となってしまうと、それらの不良資産は、処分費用を使ってでも処分するしか方法がないことが多いものです。

会社に力があるうちは、お金を使ってでも、過大な部分を処分して、身ぎれいにして、新たな投資をすることも可能です。しかし、資金力がなくなってしまった後では、過大な部分を処分することもできず、ただ過大なまま放置するしかないということも、ままあるものです。

資金不足は、業績が悪化しているときだけに起こるものではありません。逆に、売上が急激に伸びたときも起こりえます。急激に売上が伸びると、仕入や在庫などが急激に増加します。売上が増えていますので、手形などの売上債権も増えますが、債権が増えたとしても、すぐに資金にはなりませんので、資金管理をきっちり行っていないと、支払手形決済のための資金が不足することになる可能性もでてくるのです。

特に、売上が急激に増えたのが、取扱商品がブームとなったことが原因のときは問題が深刻になります。ブームに乗って行った設備投資や在庫の増加は、そのブームが終わるとともに 過大設備、過大在庫となり、資金を圧迫することになります。

売上の急増がブームによるものであるときは、そのブームの終焉とともに、過大設備や過大在庫となり、最悪の場合は、倒産に至ることもあるのです。

資金不足に陥るその他の原因としては、こんなことがあってはいけないのですが、融通手形の存在があります。融通手形とは、2社間で何の取引もないのに、お互いに手形だけを振り出し、その手形を銀行で割り引いて資金調達する方法です。融通手形に近いものに、金融機関から融資を受ける際に、2社がお互いに連帯保証をしあって、両社とも融資を受けるという資金調達の手法があります。

融通手形や連帯保証をし合う方法による資金調達をするのは、利益が出ず信用力がない会社が利用することが多いのです。このようなことをしていると、一方の会社が行き詰まると、もう一方も倒産するしか道が残っていないことになります。

融通手形などによる資金調達は、絶対に手を出してはいけない手法なのです。でも、困ったときには、このような融通手形などの甘い言葉に騙されてしまうことがあるのです。このようなことがないように、しっかりと資金の管理をすることが重要なのです。

これまで説明したとおり、会社が倒産するのは、結果的に資金が枯渇するためです。それを確認するためには、ＢＳの作成が不可欠となります。

ただし、実際にはＢＳだけをつくっても、資金不足を確認することは難しいのです。計画をつくる現場では、そのＢＳとＰＬを使って、簡易なキャッシュフロー計算書をつくって確認することにしています。キャッシュフロー計算書は、ＢＳとＰＬを作成することで、簡単に作成することができます。

10年後のキャッシュフロー計算書をつくるには、10年後の決算の期首時点のＢＳを作成する必要がありますが、そこまでは必要ないように思います。ただ、現在から3年後までは、キャッシュフロー計算書で資金のチェックをしておくことは重要となります。

キャッシュフロー計算書を作成すると、借入金の返済をしながら、しっかりと資金をつなぎ、成長していけるのかを確かめることが可能となります。そのキャッシュフロー計算書でチェックするために必要となるのがＢＳということなのです。

目標設定は誰が行うべきか

直近3年間の計画を作成する場合、今期の実績に基づいて、従業員が作成した今後3年間の予測に基づいて作成されることがあります。これだけだと経営者の意思が反映されないものとなり、はっきり言うと、心のこもっていない、数値の羅列でしかないものとなってしまうのです。

経営学で取り上げられることが多い人間関係論や従業員のモチベーション理論に基づいて、従業員に自ら目標を設定させるべきだと主張する人がたくさんいます。自らつくった目標でないと、本人のモチベーションにつながらないというのです。でも、これは間違った人間理解から言われることであり、採用すべきではないと考えます。

従業員に自ら目標を設定させることはいいのですが、それだけで終わると問題なのです。

従業員が自ら目標を設定する場合、自分ができる範囲で目標を立てることが多く、少ない目の目標を設定することがよくあります。仮に、そのような目標だけで経営をすると、現状維持が精一杯で、成長を実現させることなどできないのです。

さらに、従業員が立てた目標だけだと、会社の変革や成長などが織り込まれていないものとなる可能性が高くなります。従業員は自分が置かれた現状から、将来の目標を設定します。会社として、革新をして、業績を伸ばしていかなければいけないとしても、そのような視点が抜け落ちてしまうのです。

つまり、経営の目標を立てるには、従業員から目標を提出させることは大切なことなのですが、それは目標とせず、会社全体の立場、つまり経営者の視点から見直し、経営者の意思を反映させた数値を目標とすることが大切なのです。

経営者がつくる目標は、経営理念から100年後のビジョンを作成し、それを直近の３年にまで逆算してきたものです。会社の目標とすべきは、この経営者がつくった目標でなければいけません。そうでないと、経営者の意思が反映された目標とならないのです。経営者の意思が反映されていないと、会社全体の立場から考えると、実現するのが難しい計画であるということになってしまうのです。

図表13では、積上げ計算によるＢＳとＰＬとして表示していますが、これが従業員の立てた目標です。当然のことといえるでしょうが、経営理念から逆算で経営者が導き出したＢＳとＰＬと、従業員が立てた目標であるＢＳとＰＬとの間にはギャップが生じます。

そのギャップについては、経営者がつくった目標になるよう、積上げ計算によるＢＳとＰＬを修正することが必要です。そして、その修正した数値を基にして、それぞれの従業員の目標にまで反映させることが必要となるのです。

そうすることによって、経営者がつくったＢＳとＰＬが完成するのです。目標とすべきは、この経営者がつくったものでなければいけないことを再確認していただきたいと思います。

経営者のつくった目標のチェック

経営者に数値で目標設定をお願いすると、売上は伸びる計画であるけれども、仕入は逆に減少しているバランスの崩れた計画になっていることもあります。このような現象は、主に現仕の業績が悪い会社で起きます。

業績が悪い会社では、利益率が低いことが原因で利益が出ないことが多いのです。そこで経営者としては何とか利益率を改善して、その改善した利益率に基づいて計画づくりをしようとするのです。そのため、「売上は増えても、仕入が大きく減少する」というアンバランスが生じるのです。

でも、そのようなことは、事業自体の大革新がないかぎり起こりえません。現状のままの取引では不可能なのです。業績が悪い会社では、よく経営者は会社を変革して利益率を改善するということを言うのですが、そんなに簡単にできるものではありません。利益率を改善するために新しい仕入先から仕入れようとしても、その新しい仕入先も業績が悪い会社相手では、警戒するものですから、取引をしてくれないということが起こるのです。

結局、改善したいという経営者の気持ちがあったとしても、実現できないことが出てくるのです。そのような無理な目標設定では、意味がありません。経営者は、実現可能な、バランスの取れた目標設定をする必要があるのです。

ただし、一見バランスが悪いように見えるBSとPLであっても、経営者がほんとうに経営革新をして業績を改善する意気込みを持っており、それが実現可能であれば、そのアンバランスは是認されるものとなります。

私が経験したことですが、通常の在庫として1か月程度ではける量しか持たない会社が、1年分に近い量の在庫を持つ計画を立てたことがありました。私はその計画に反対したのですが、社長様はどうしてもこの在庫が必要だと言うのです。私はその計画を認めることにしました。いざ実践してみると、その多くした在庫のお蔭で、その翌年の売上は目標以上となり、前年の倍の売上高を達成し、その後も成長を続けるきっかけとなったのです。

このように、経営者にしっかりとした考えがある場合は、目標数値のバランスが崩れることがあっても構いません。経営者がそのアンバランスの意味を説明できるのか、さらに経営者にそのアンバランスを乗り越える覚悟があるのか、この2つで判断することが重要となるのです。

市場及び商品の分析

目標設定を行うとき、取扱商品の市場の状況、あるいはその取扱商品自体の性能などを確認しておくことは重要です。

技術や製品の開発をする経営者によくあるのですが、自分が開発した製品への思い入れが強すぎるときがあります。市場規模が縮小化して、顧客からあまり求められなくなっていても、その製品に対する愛着から、どうしてもその製品を捨てることができないことがあるのです。

また、新たに開発した新製品については、市場を無視して、売れるはずだという思いから、急激に売上が伸びると予測する傾向もあります。

経営者のその製品等への思い入れが強すぎるときは、その経営者は誰の意見も聞かず、売れるはずだと考え、どんどん売れる目標を立てることがあります。しかし、そこは、冷静になって、市場の分析をしたり、第三者の意見を聞いたりして、ほんとうに売れるのかどうかを見極めることが重要です。

製品などの開発者にありがちなことですが、いい技術を持っていたとしても、その技術を自分だけが独占し、他社などには製造させないと頑張る経営者もいます。社会のためになる技術であれば、特許権などの知的所有権を取得ことにより、自社の権利を確保しながら、他社でも使ってもらえるようにすれば、その製品の市場規模が拡大し、自社の売上も伸びるのです。

現在の市場の状況は、今後の経営に重大な影響を与えます。大企業なら、市場の需要構造まで変革することが可能かもしれませんが、中小企業ではそこまでできません。

まず、市場のデータなどが公表されていることが多いので、そのデータを冷静に確認しながら、目標設定をすることが重要なのです。

目標管理における幹部従業員の役割

経営者の思いを反映した毎年の目標は、従業員が作成した積上げ計算の目標とギャップがあるのが一般的です。特にそのギャップが大きいと、従業員は経営者がつくった目標を無視しようとします。会社の目標は経営者の勝手な目標であり、従業員には関係ないという立場をとるのです。このようなことになると、目標の意味がなくなります。そこで活躍しなければいけないのが、幹部ということになります。

まず、経営者が目標を作成したときは、その内容を幹部に提示して、そこに込められた意味を経営者が説明し、幹部に理解させることが必要となります。経営者がそのような説明をすると、幹部従業員も、その目標を否定しようとしてかかってくることがあります。ギャップが大きいほど、そのような行動に出ることが多いと思われます。しかし、そのような否定は認めないで、経営者は幹部を説得しなければいけません。

ある成功した経営者に聞いたところ、その経営者が難しい課題を出して解決策として2つの選択肢を提示したとき、その経営者は必ず幹部が反対した方向に進むと言っています。

もし、幹部が賛成した方向に進んだとすると、自分たちが無理なくできる道でしょうから、何もしないでも、そのままでいればいいと判断し行動するのです。その結果、従業員が賛成した方向に進むと、何の改善もできず、目標が実現できない方向に進んでしまうというのです。

目標設定のギャップが大きいときも同じです。幹部従業員から反対が出たときは、それに応じることをしてはいけないのです。幹部の反対意見は意見としてはいいのですが、経営者はそれに従うのではなく、幹部を説得する方向に持っていかなければいけないのです。

幹部を説得するためには、どういう理由で反対するのかをよく確認し、その反対する理由を否定する根拠を提示し、経営者の意図を明確に説明し納得させることが重要なのです。また、幹部が反対するのは、今までの営業のやり方などを変えるのがいやだということもあります。そのようなときは、そのやり方の変更が不可欠であることや、変更によるメリットなどを説明することが必要となるかもしれません。

いずれにせよ、幹部には十分納得してもらえるよう、経営者は努力する必要があるのです。

経営者の目標に従って行動することになった幹部は、経営者がつくった計画を実現するために、会社の細部について、どこを改善し、部下がどのように動けばいいのかを考えるのが仕事となります。

特に業績が悪く困っている会社では、部下の行動を監督するどころではなく、幹部自身が旧態依然とした日々の業務をこなすだけで、何も改善できないことが多いものです。そうではなく、経営者がつくった目標を実現するために、会社のどの点を改善するのかを考え、工夫するのが幹部の重要な役割であることを理解させることが重要となるのです。

経営者も常に改善や変革を心掛けなければいけませんが、幹部は常に改善を考えて行動することが重要な仕事となります。日々の業務をこなすことだけが、幹部の仕事ではないのです。絶えざる改善、これが重要な幹部の役割となるのです。幹部の方にはその点を理解してもらい、目標実現に向けて、改善をしながら従業員を引っ張っていくことが重要な役割となるのです。

5　目標と実績の差異分析と対策

計画どおりに進むとき・計画どおりに進まないときの注意点

今まで述べてきたことをクリアし、しっかりとした計画ができて、実践に移行したとしても、それで終わりではありません。

実践をしていくということは、そこから結果が表れてきます。それが決算の数値として表示されます。その決算というのは、月次の決算のことです。年次の決算も重要ですが、年次決算を目標に近づけるためには、毎月、毎月の決算がより重視されなければならないのです。

月次の決算では、月次の計画と照合し、計画どおりに進んでいるかをチェックすることが重要となります。そのチェックをいつするかという問題ですが、翌月の半ばまでにはできるようにする必要があります。そうでないと改善が遅れ、十分な対策が立てられないことになるからです。

翌月の半ばまでに前月の状況をチェックし、すぐさま改善する方策を検討していくのです。その積み重ねが1年の計画達成につながるのです。月次で何もしないで、1年経ったときに決算の数値を見て、計画と比較しているだけでは、計画の実現は不可能です。翌月半ばまでのチェック、これを怠らないようにすることが重要です。

そのチェックをしたとき、計画通りであればいいと思われるかもしれませんが、あまり計画どおりに進むときや、計画を上回るペースで進むときは、その計画自体が甘すぎるということも考えられなくもありません。計画どおりに行きすぎるときは、計画そのものを再点検することが必要となるでしょう。

ところが、ほとんどの場合、計画に到達しないということになります。そのとき、その原因追及は大切です。しかし、どうして到達できなかったのかという原因追及だけを行い、その点にあまりこだわりすぎるのはよくありません。

営業責任者が無責任であるときによくあることですが、経済評論家よろしく原因追及だけをして、計画どおり実現することは無理だと主張することがあります。いくつも原因を上げるのですが、自分の責任をどのように果たしたかなどは取り上げないのです。結局、その説明は計画どおりにいかないことの確認で終わってしまうのです。それでは改善などはできません。

原因追及も大切ですが、それよりも、どこを改善して計画に近づけるのかを考えることのほうが数段重要なのです。

実績が計画どおり進まないときは、何の改善や工夫もないことが多いものです。計画どおりに進まない原因を追及するより、経営者、幹部、一般社員も含めて、どこを改善すれば業績が向上し、計画に近づけることができるのかを再検討しなければいけません。

そこでは、経営者を中心に改善策を検討することになりますが、そこで最も活躍しなければいけないのが、幹部ということになります。経営者に適切なアドバイスをして、改善の知恵が出るようにするのが幹部の重要な役割となるのです。

目標達成のために改善をするとき、忘れてはいけないのは、今の取扱商品や販売方法が、ほんとうに経営理念に合致したものであるかどうかということです。業績が悪くなると、貧すれば鈍すという言葉どおり、なりふり構わず、市場の流れに流されてしまうことがあります。

市場の流れに乗れば業績がよくなると勘違いをするのですが、ほとんどの場合、失敗に終わります。市場で売れている商品は、すでに市場にあふれていますので、いいように見えるだけです。実際にその商品に飛びついた途端、すでにピークが過ぎ去っているということがあるのです。

特に、経営理念に反するような商品に飛びついたときは、そのしっぺ返しは強大なものになると考えるべきです。経営理念に反する商品を取り扱った時点で、そのなりふり構わない姿勢を見て、取引先などがその会社を見放してしまうこともあるのです。そうなると、立て直すのは並大抵の努力ではできないことになります。経営理念に反することだけは、しないようにすることが重要です。

実績が計画どおりに進まないとき、「計画そのものを見直す」ということが行われることもあります。これは今年だけでなく、来年の計画も見直すことになります。そうすると来年も同じように計画どおりに進まず、もう1年後へずらすことになってしまいます。そうすると計画は常に変更できるものとなり、決して実現できないものとなってしまいます。

1年の計画が達成できなくても、次の年度は回復をさせ、3年後には目標達成できるよう工夫をすべきです。そのための改善と努力が常に必要となるのです。そうして、3年の計画が実現できるように努力する必要があるのです。

計画どおりにできないとき、3年間の計画くらい先送りしても、100年後のビジョン実現に大きな影響はないと思われるかもしれません。特に計画を立てはじめた最初の3年については、最初の3年くらいは、100年後のビジョンには影響がないと思われるかもしれません。

しかし、結局は一事が万事ということとなり、最初の3年がうまくいかなかったときは、次の3年もうまくいかなくなるのです。実績が計画通り進んでいないときは、全社一丸となって改善を怠らず、3年後の計画実現に向けて努力することが極めて重要なのです。

計画づくりで最後に言っておきたいことは、計画と予算を混同しないようにしてほしいということです。予算は、収支が膨れ上がることを抑えるなどのために、収支項目について設定されます。このような予算と計画は根本的に違うものですので、ここで取り上げた計画は、収支予算ではないことを頭に入れておいてほしいと思います。

6　思いがあってこそ

毎年の業績には経営者の思いが実現している

以上、目標管理のやり方について、その概略を述べてきましたが、経営のベースとなる最初の経営理念も毎年の計画も、すべて経営者の思いが籠ったものです。その会社が成功したといえるかどうかは、その経営者の思いが実現したかどうかで判断されます。

ただ、売上が大きくなればいいというものではありません。経営理念に基づいた経営ができてこそ、いい会社となれるのです。

目標管理も、経営者の思いである経営理念が実現するように組み立てていくべきです。そのようにならなければいけないのです。会社のすべては経営者の思いででき上がっていますので、毎年の業績も経営者の思いが実現していると考えるべきです。

毎年の実績が計画どおりに進んでいれば、経営者の思いが実現しつつあるのであり、そうでないときは、実現できない原因がどこかにあるはずです。その原因を追及し、経営者の思いが実現できるよう、社員も一丸となって改善に取り組むべきでしょう。

実績が計画通りに進まないとき、計画そのものに対する不満が出ることがあります。「そもそも無理な計画なんだ」「トップは何を考えているんだか」などの不満が噴き出すことがあります。自ら会社を改革できない従業員の立場からすれば、経営者は計画を発表するだけで、何もしないで、文句ばっかり言っているという不満となるのです。

そのようなときは、本来であれば、従業員からも、経営者に計画実現のために必要な改革を要求するくらいの意気込みを求めたいと思います。従業員の立場で改革を求めるのは、ご法度と思う方があるかもしれません。しかし、今は江戸時代ではなく、直訴であっても打ち首にされることなどはありません。計画通り進まないときは、従業員も積極的な業務改善の意見を提出すべきです。また、経営者は従業員からの直訴を素直に受け入れて、真剣に検討することが必要です。経営者も人間ですから、万能ではありません。思いが至らなかった点があるかもしれません。

従業員からの提案は、問答無用で切り捨てるのではなく、真剣に受け止め、改革に役立てる気持ちが重要です。ただ、従業員の中には、安易な方向に進もうとして提案をしてくる場合があります。そのようなことがないか、経営者の立場から、経営理念に沿った提案であるかを真剣に考え、検討すべきでしょう。

すべては「思い」からでき上がっています。会社であれば、その「思い」は経営者の思いです。その経営者の思いを経営理念として表し、その理念に沿った目標を設定し、その目標に向かって全社一丸となって改善に取り組み、計画どおりに実績を残されることを心より念願しております。

第６章

経営の実例①
第一金属株式会社

これまで「思いのままの経営」とは、どういうものかを解説しました。実際に経営をしてきた先代経営者も、経営でいろいろな問題にぶち当たっている後継者にしても、思いのままに経営ができるとは実感できないと思います。日々が苦労の連続ですから、思いのままにできるとは感じられないと思いますが、永年続けてみると、思いのままになっていたということがあるように思います。

第6章からは、私のクライアントの社長様方にご登場ねがい、実際に経営において、どのようなことを経験し、会社の状況がどのようになってきたかなどの生のお話を聞かせていただこうと企画しました。

ご登場ねがうのは、第一金属株式会社の2代目社長中村圭助社長様、株式会社大丸鋲螺製作所の法人創業者であられる細山田秀明会長様、2代目社長細山田寛様です。

インタビュアーが素人ですから、経営の真髄まで引き出せたかはわかりませんが、いろいろなお話の中から、経営とはどういうものか、事業承継とはどのようなものかなどを感じ取っていただければと思います。

インタビューをさせていただいた方は、創業者から事業を引き継いだ経営者の方々です。法人で考えると創業者となる方もありますが、個人事業からの創業で考えると2代目以降になる方々ということです。

ここで聞きたかったことは、創業者からどのような苦労話を聞いておられるか。そして、現経営者として、創業者にどのような思いを持っておられるか。さらに会社の経営理念についてどのようなお考えをお持ちかということです。

今回インタビューをさせていただいた方々は、創業者のご子息で、創業者がどのような経営をしておられたかを直接見てこられた方です。３代目ともなると、創業者が働く姿を直接見ることができません。創業者の思いを伝えるという点では、貴重なお話をいただけたと思います。

インタビューをしてみてわかったことは、どの経営者も創業者に対する感謝の念をお持ちだということです。創業者が事業を始められたからこそ、現在があるのです。そして、いずれの会社でも経営理念をつくられ、それをしっかり守っていこうという意思をお持ちだということです。

第５章までで説明したとおり、経営理念は経営者の思いです。経営理念を守っていくということは、経営者の思いをしっかり持ち続けるということです。そうしているからこそ、どの会社も素晴らしい業績を残し、利益を出してきておられるのです。

昨年から蔓延しだした新型コロナウィルスの影響で、経済全体に大きな影響が出ています。インタビューをした会社でも、その影響を受けています。でも、いずれの会社もしっかりと業績を維持発展させておられます。それは経営理念と同じく人を大切にして、思いを大切にしている会社だからだと思います。

そのような点を、読者の方に少しでも感じていただければ幸いです。

【図表14　第一金属株式会社の概要】

創業	昭和20年
会社設立	昭和27年10月24日
本店	大阪府大阪市阿倍野区（登記上の本店） 大阪府東大阪市　　（実質上の本店）
その他の事業所	東京支店　東京都足立区 香港、中国（深圳・東莞）、ベトナム（ハノイ）、タイ（バンコク）、シンガポール、インドネシア（ブカシ）
主な事業目的	鉄鋼、非鉄金属材料の二次製品及び加工品販売（ばね材料卸売業）
代表者	代表取締役社長　中村圭助
資本金	３９００万円
株主構成	社長親族　１００％
売上高	38億３６１９万円（第67期　令和１年7月31日現在）
連結売上高	52億４１３０万円（第67期　令和１年7月31日現在）
従業員数	35人（令和１年7月31日現在）

社是

三者鼎立（さんしゃ　ていりつ）
私たちは、顧客・会社・社員の三者の利益の一致を図り共存共栄を目指します。
三者とは、お客様、会社、社員を示しており、鼎立とは　かなえの三本足のように並び立つことを意味しています。

インタビューの中で出てきますが、第一金属株式会社の社是にある「鼎」という文字について、社長様も心配しておられましたので、ここで説明をしておきたいと思います。

音読みは、「かなえ」で、食べ物を煮たりする三本脚の器のことです。古代中国では、王位を象徴するものとされていました。鼎は三本足ですから、３つのものが並び立つことを意味します。

鼎の文字は、古代中国の教えである五経の１つ易経においても出てきます。易経では、鼎という卦《か》の意味は、革新を整えるものとされています。革新は古いものを捨て去ることを意味し、鼎で整えるという意味になるそうです。

また、この鼎の卦は、上に賢者が立って、よく情勢を判断して、道を誤らないようにできれば、こんなよいことはないという意味だそうです。

1　創業の苦労

小さな個人商店から始まった

山下：まず始めに、創業のお話をお聞きしたいのですが。

中村：私の父、伯《あきら》が昭和20年に個人で創業しました。

父は高知県出身で、昭和8年に高等小学校を卒業すると、大阪に出て段ボール会社で勤務することになりました。でも長く続かず、その後、阪急さん、松下電器さん、藤沢薬品さんなどと仕事を転々としていたようです。

20歳になったとき、徴兵検査を受け丙種の判定を受けました。これはすでに病気にかかっているという意味で、入院をしても改善せず、実家に戻って療養するということになったようです。

祖母の懸命の看護によって体力が回復した父は、大阪に出ていた長兄を頼りに、再び大阪に出てきました。

当時、ワイヤーの材料メーカーと需要家との間に立って仲介をする物資統制組合が東京と大阪に設立され、父はそこでメーカーさんとお客様との橋渡しをする仕事をするようになり

【図表15　中村圭助社長】

ました。その仕事で、仕入先様の信頼を得ることができ、終戦後、組合を辞め自分で商売を始めることになったのです。
阿倍野の自宅兼本社といえば聞こえはいいのですが、15坪くらいの土地の上に、１階が事務所、２階が私たち家族が生活をした自宅で、中村商店という個人商店を開業しました。
商売を始めるには電話が必要でしたから、自宅の近所にいた長兄の家に電話を置かせてもらい、父は営業に回り、兄嫁に電話で注文を受けてもらっていたようです。
注文があったら、すぐに一階の事務所で荷造りをし、自転車にリヤカーをつないだ自作の運搬車に商品を積み込み、納品するということをやっていたようです。近所で貸し倉庫の空きがでると、すぐに借りて、そこに商品を在庫するようにして、従業員も採用するようになり、徐々に事業を拡大していきました。
昭和23年頃には、材料の販売だけでなく、ばねの加工もやっていたみたいですね。

山下：阿倍野の旧本社の跡地を拝見しましたが、なんか狭いなという感じで、これでよくやってこれたなと思うんですが。

中村：そうです。ほんとうに、よくあんな狭いところでやってこれたと思いますわ。

山下：昭和20年に創業されて、その後、法人にされたのは、いつですか。

中村：法人にしたのが3年後ですかね。

山下：昭和23年ですか。

中村：朝鮮戦争で景気がよくなって、商売も拡大できたんで、合資会社第一発條製作所という名前で23年に法人を立ち上げました。27年10月に株式会社第一発條線材株式会社に組織変更をしました。これが法人としての当社の始まりです。
この頃は、材料販売だけでなく、ばねの生産も手掛けてたみたいなんですけども、父のほうは材料の販売のほうに特化して、ばねの加工のほうは、今も操業されてますけど、千代田発條製作所さんにお願いしたようです。
昭和29年に第一金属株式会社と、現在の社名に変更し、いよいよ第一金属のスタートとなったんです。

山下：最初はばねの製造までされていたんですね。当時は、どんなお取引先様があったんですか。
中村：ばね製造の部門で、当時は早川電機さん（シャープさん）が大口のユーザーだったようです。早川電機さんは、阿倍野の近くの西田辺ですから、そんな話を聞いてますね。
山下：卸売りのほうで、シャープさんと取引があったんですか。
中村：ええ、千代田発條さんがばねをつくりますから、そのばねにする必要な材料を第一金属から供給する形で取引をさせてもらいました。
山下：千代田発條さんに材料を供給してたんですね。昭和27年に株式会社にされて、その後は順調に高度経済成長に乗って、どんどんと事業拡大をされたということですね。
中村：そうですね。だから1970年代から1980年代にかけて、バブルがはじけるまでは全体的にはよい環境下にありましたね。その波に乗れたと言えると思います。

2　海外への展開

香港支店からグループ6社へ

山下：海外に出られたのは、いつ頃ですか。
中村：それはもっと後ですね。2000年代に入ってからです。

山下：それは社長様が主導されて進出されたんですか。

中村：ええ、父も早くやりたかったようですが、輸出業務について進める人財がいなかったんで、なかなか社長の思いと実際のアクションがマッチしなかった部分がありました。

　昭和50年には、私も入社してましたので、当時の社長の考えなり、方針なりは、頭には入ってましたので、私の経営課題として、海外進出はいつかやらなあかんなとは思ってたんです。それで、最初は香港支店を立ち上げました。いきなり現地法人にするよりは　支店でやって、最悪のケースを想定して、慎重にやろうと思い香港支店を立ち上げたんです。

山下：最初は香港支店から海外へ、ということでしたが、今は何か所ぐらいありますか。

中村：6か所ですね。香港、シンガポールを立ち上げてから、中国国内は深圳《しんせん》と東莞《とんがん》のほうに進出しまして、ベトナムがハノイ、それからタイ、あとインドネシアですね。拠点としては6拠点ですね。

3　社長就任

とりあえず一歩踏み出して様子を見る

山下：社長様は現在2代目の社長ですが、お兄様がおられましたね。

中村：父は長男を社長にしたかったようですが、兄が平成元年に、40歳のときにくも膜下出血を発症したんです。無事退院はできたんですが、その後脳梗塞もやったりで、父は兄が業務に耐えれるかどうか相当悩んだようです。

当時、私は常務には就任していたんですが、父はどうだこうだというのは、私には一言も言いませんでした。私の想像ですけど、会社の行く末や兄の体のことなどについて、相当悩んだだろうとは推測できますけどね。

それで、兄に代わって、私が社長に就任したのが平成8年になります。

山下：そこから、海外への展開に力を入れてやってこられたということですね。

中村：それが、やっぱりなんだかんだ言うたって、ヒト、モノ、カネの3要素のうちの、ヒトが一番重要なんで、右も左もわかりませんでしたけど、ヒトを育てとかなあかんということで、兄が倒れた年の春に、学卒の男性と、中国語のできる女の子の2人を採用し、体制を少しずつとってきてたわけです。そのとき採用した男性は、今、海外担当の役員をやってくれてます。

平成3年だったと思うんですが、今の取引先さんの創業者の方から、中国に出てきてほしいというお話をいただいたんです。その会社はすでに中国に出ておられたんですけど、「中国で材料を探したけれど、なかなか現地調達が難しい」とか「よい材料が見つからない」という悩みをお持ちで、ぜひとも中国に出てきてほしいというお話をいただいたんです。

そのときは「ちょっと待ってください」とお断りをしました。これから我々も対応できるようにしようとは思っていましたが、いきなり現地へ行っても、なかなか採算には乗らんのでね。とは言っても、日本の材料を安定供給はさせてもらうことと、売りっぱなしになってもいかんので、「必ず定期的に訪問させてもらいます」というお約束をして、お客様の求めておられる「現地に出てほしい」というのは、待ってもらったんです。

山下：そのお客様は、中国のどちらに進出されていたんですか。

中村：深圳《しんせん》です。あそこが当時、電気製品のメッカだったんですね。

山下：当時であれば、深圳も人口が20万～30万人ぐらいだったんじゃないんですか。

中村：そうでしょうね。日本の大手電機メーカー、事務機器メーカーはあそこにみんな集中してたんですね。われわれからするとエンドユーザーさんですが、あそこに集中してるもんだから、ばねメーカーさんも出てくださいというお話があって、直接のお客さんであるばねメーカーさんも出たものの、いかんせん材料のよいものが見つからないんですよ。

ばねの場合は構造部品ではなしに、機能部品なんです。スイッチにもばねが使われてまして、何十万回あるいは何百万回も使いますが、ばねが折損したんでは話にならないんですよ。スイッチのオンオフが繰り返されるんで、テレビにしたって、冷蔵庫でもそうですけど、電化製品ってばねを使ったスイッチだらけなんですよ。

スイッチは、重要部品なんです。それが折損しようもんなら、電化製品の価値がゼロになる。だから、エンドユーザーである電機メーカーもばね部品の購入には慎重にしたんです。

電機メーカーは空洞化が早くに進み、1970年代から1980年代ぐらいには海外生産が始まっていたんです。だから、セットメーカーの多くは中国に出てたわけですね。

それで平成元年頃になって、いよいよ中国で城下町づくりをせないかんということで、ばねメーカーも出ていくことになったんです。

ところが、ばねそのものは非常に重要なキーパーツなんで、実は、部品類の海外進出としては最後の最後に出て行ってるんですね。最後に出て行った重要なパーツが何種類かありましたが、その中の1つがばねだったんです。

エンドユーザーも、現地に出るのはいいけれども、最終、製品メーカーとしての価値が提供できないと消費者から安心安全に使ってもらえないので、できるだけ日本でつくって現地の組み立てに必要な分だけ送ってたんですね。

ところがそれをやってると、操業のライン、組み立てラインが止まる可能性がありまして、工場の近く、周辺にいてもらいたいということです。これはどこのエンドユーザーさんも一緒で、共通してますね。

そんな形でばねメーカーさんも出る、材料が欲しいという声には、定期訪問させていただくので、「売りっぱなしにはするつもりは全然ないので、それで我慢してください、確実に送り届けるので」と一生懸命お願いをしたんです。

山下：そういうのからスタートして海外展開を始められたわけですね。それが大体2000年頃からということになるんですか。

中村：海外展開自体は、もう少し早いですね。その当時は、出張ベースで輸出をしてた形です。

平成4年頃だった思いますが、「どうしても日本の材料を供給してもらいたいんや」ということで、輸出していきましょうというので始まっていったんです。

そうこうしながら、我々も近い将来、海外へ出んといかんということで、ヒトと共に進出のほうも考え始めてたんですね。ところが、どうしても計算を何回やっても採算が合わないんですね。我々が扱っていた付加価値率では、いくら売っても利益が出ないんです。

海外へ出た場合の固定費を埋めるためには、当時としても、売上高として3000万円はコンスタントに月次ベースで乗る必要があることが見えてきたんです。「じゃあ逆にお客さんを核にしながら、他にも深圳界隈でお客さんがいるやろ」となって、そこの潜在需要を当て込んで進出の計画を組んでみたんですね。

ところが、当時としてはなかなか売上の数字がそこまでいかんわけですよ。それで、やっぱり我々としては最初の進出で失敗してしまうと、そのあとがやりたくてもできなくなってしまう可能性があるんで、出る以上は絶対成功させないかんと思ってたんです。

それで、当時考えたのは初年度で単月黒字が出るような目途をつけてから出るという枠組みにして、せっせと潜在需要を売上につなげることができるかの確認をとりながら始めたわけですね。

現地法人になると経理がいるでしょう。そしたら、固定費で負荷がかかるし、資金繰りも当然組んでいかなあかん。ということになると、売っていかなあかんわ、経理のサポートもせなあかんわ、資金繰りも組んでいってとなると、相当売上高を上げないと回らないということになるんです。

それで、「とりあえず一歩踏み出して様子を見ないことには」ということで、リスクの低い支店、しかも中国本土側ではなくて香港側でなんとか販売業務を展開させようとしたんです。そのうち、日本国内にいてはわからない状況やニーズがわかってくるわけですね。それは、国内では聞き得ない、知り得ないもので、そこに着眼をしてました。

山下：その頃に現地にスタッフを配置したということですね。

中村：先ほど申し上げた学卒で採用した社員と、もう当社を退職してますけど、中国に留学してた従業員がおりまして、彼も非常にやる気があって、国内で材料の勉強もしてもらいながら、出る準備をしてたわけですね。

彼らは「社長、いつ出るんですか？」とせっついて来るくらい積極的だったんです。私は「ちょっと待て、出るのは間違いないから、単年度黒字の確信が持てるまで待て」となだめるのに苦労しました。でも、彼らはやる気満々で、私は非常に助かりました。

山下：やっぱり人材に恵まれてできたということですね。それで今は海外子会社が6社で、世界中へ展開されてるということですね。

チャレンジ80

山下：アジアへの展開をして、今は、チャレンジ80ということで、子会社も含めて80億円の売上を目指しておられるんですね。

中村：そうですね。連結ベースで売上80億円をやろうとしています。その80というのは、創業年が1945年なので、それにかけて2025年の創業80年のときに、連結ベースで年商80億円を達成しようとしているんです。その売上だけを上げても意味がないので、同時に経常利益ベースで1億円以上あげられる会社にしようじゃないかとしているわけです。

山下：でも、今はもう経常利益で1億円は達成されてますよね。

中村：この企画をしたときは、国内だけの数字では、なかなか厳しいハードルの高いものと映ってたんですね。だから、経常利益1億円という目標を掲げることにしたんです。

もう1つは、先ほどお話をした海外進出です。これは父のやりたかったことだし、次の将来において会社が伸ばすべき地域・場所はどこかと考えたとき、「国内じゃなしに海外になる」と判断していました。だから、海外子会社も含めて、80億円の売上を上げようと決めたんです。

山下：創業者のお父様も当時から考えておられたことを、社長様の代になって実現されようとしているということですよね。

中村：父が考えていたのは、香港でメリヤス針の材料の販売だったんです。でも、現地で調査した結果、針の需要がなくて、先ほど言ったばねメーカーさんからの出てきてくれという話があって、結果的には10年くらい遅れたんですけど、スタートは香港支店という形で出たんです。それで香港に出て、12か月目でぎりぎりで単月黒字を達成でき、今につながっているんです。

幸いにも、社内の人材にも恵まれ、現地の日系の企業さんですけど、現地で順調に伸びて行ってくれて、当初計算したら採算が合わなかった数字が、だんだん合うようになってきました。そういう人材と、現地需要に恵まれ、国内だけでは達成できない年商80億円も達成できると思っているんです。

山下：創業者のお父様の思いが、チャレンジ80につながっているということなんですね。

中村：そうですね。

4　社是

三者鼎立

山下：話は変わるんですけれど、「三者鼎立《さんしゃていりつ》」という御社の社是について教えていただきたいです。これは、創業者であるお父様が考えられたものなんですか。

中村：ええ、そうです。ところが、当時の役員の奥さんが私に『鼎立』というと広辞苑では『三者が相対立する』という風に書かれているんですけど」と教えてくれたんです　なんか社内対立するような意味にとれると、心配されていたんです。

実は、創業当時、材料事業とばね製造事業と別々にやっていたわけで、当時は親戚筋から従業員として来てもらっていました。当時は、みんな独立心とかすごかったですから。もともと親戚である従業員もどんどん独立するわけですよ。いわば味方だと思っていた従業員が、どんどん競争相手になっていくわけです。そんなとき、幹部の奥さんが鼎立というのは対立することだと聞いたものだから、心配されたんです。

そこで、父に、鼎立の意味合いをどうとらえるか確認させてもらったんですが、はっきりした回答はもらえなかったんです。鼎立が対立することだと聞いて、本人もびっくりしたのかもしれません。

そこで、私は考えたんですが、私は経営学部出身で、昭和40年代後半でしたけども、学会でも「日本的経営」の研究がスタートしたところだったんですね。そのときに伊藤忠兵衛の「三方よし」の経営というのを知っていたので、この三者鼎立の意味合いは、お客様と会社と社員の三者が対立するのではなくて、三者が共に栄えるということを言いたかったみたいだと気がついたんです。お客様の利益が、会社の利益、社員の利益と一致するということを言いたかったようだと考えたんです。

ここで、お客様と言っているのは、当然のことですが、仕入先様も含んでいます。ちゃんとした商品を納品していただく仕入先様がないと、お客様に喜んでいただくことなどできませんからね。そうでないと商売はできません。

結局、父の言いたかったことは、私の言葉で言うたら「三方よし」の経営をやれば会社は繁栄する。会社が繁栄することによって、社員も豊かになれるということです。ただ、豊かになるには、お客様なくしては無理なわけで、会社の存続はできないし、社員も幸せになれない。ということは、「顧客第一主義で、お客様にどう接して利益を得ていただくかということではないか」と父に聞いたんです。そうしたら、それでよいということやったんです。

結局は、自分だけの利益だけじゃなくて、相手の利益を先に考えるというのが一番大事なんだということですよ。それが、大げさに言えば「三方よし」や「日本的経営」の源流につながっていると考えています。

山下：そういうことを、創業者から教えていただいたわけですね。ところで、「三方よし」っていうのは、滋賀県、近江商人の話でしたよね。さらに、その源流があるということですか。

中村：あそこが元のように、私も当初は思ってたんですけど、系譜をたどっていくと、江戸時代の石田梅岩《ばいがん》の教えが系譜の一番のもとになっていたんですね。

山下：石田梅岩は「三方よし」とはおっしゃってなかったようですね。

中村：ええ、そうです。

山下：「先も立ち、我も立つ」という風に言っておられたようですが。

中村：その言葉ですね。「先も立つ」つまり、先に利益を自分がとるのではなくて、先に相手方に利益があること、これが源流ですね。松下幸之助さんも、稲盛さんも、石田梅岩の教えが経営哲学の中に入っていると聞いていますね。

あとは渋沢栄一、ずっと遡っていきますと、二宮尊徳も影響を受けた。そういう人たちの一番もとになっているのが石田梅岩の石門心学なんです。

大阪では心学明誠舎が石田梅岩の教えを伝承している組織だったようで、現代まで受け継がれていますね。最近では、大阪ではエール学園の経営の骨格なんかは石田梅岩の教えが柱になっていると聞いています。

山下：社長様はこういったことを、学生のときに勉強されたんですか。

中村：当時、日本的経営というのに関心があったので、当時発刊されていた「日本経営理念史」という本を読んで、これから自分が事業をもし起こすと想定したときに、最も骨格になるのはなんやろなと考えたんです。

もちろん技術やテクニックも大事ですが、大事なのはやっぱり経営哲学になりますよね。だから、そういうのに興味があり、本を読んで、あれも大事やこれも大事やと感じ、知らず知らずのうちに培われていましたね。

山下：「三者鼎立」の考え方も、元をたどれば、石門心学にたどり着くと考えていいんですね。

中村：ええ、そうなります。たまたまなんですが、そういう風にばらばらにあったやつが創業者の言った「三者鼎立」で、すべてつながったわけですね。

山下：そして、その経営理念でずっと経営されているということですね。

中村：自分の考えとしても、それが一番ぴったりきていると、自分の考え方、生き方を辿っていくと石田梅岩に辿り着いた感じですね。

山下：それを学生時代に考えて研究されていたとは、すばらしいですね。

中村：学生時代は、べつに考えてはいなかったんですが。ただ重要さというか、単に「事業というのはお金を増やす、利益を求めるだけではいかんよ」というのが気になっていたんです。

山下：それが日本的経営の根幹にあるんですね。

中村：ええ、間違いなくありますね。結局、企業というのは規模の大きい小さいは関係なしに、私が考えるには、やっぱり社会にプラスになることをどう実践しているかが大事です。それを地道に実践していけば、必ずお客様にも認めていただけるし、私だけじゃあ効果が少ないですけど、社員がその考えのもとで展開してくれれば、成果は大きなものになると思うんです。

そのようになるには、まず、経営者の持ってる経営哲学的な部分がしっかりしていることが大切です。そして、事業の根幹が何かといえば、昔の考えかもしれませんけど、公《おおやけ》の器、つまり公器だと思うんです。そういうことも学生の時にいろんな本を読んでると、こういうことが事業経営者として必要だよねと考えたんです。

儲かる儲からないはともかく、企業を起こすということの重要なことの中に、意識として経営者サイドとして持っておかなければならないのが、私《わたくし》の会社ではあるけれど、それって公《おおやけ》の器よねっていう経営サイドの意識です。その意識の転換ができてないと、いくら利益を確保して、会社を大きくしたといったって長続きはしないし、実現もできないと考えてます。

だから、そこを押さえておかないといけないと、学生のときになんとなく考えていたことが役に立っているんです。そこで「間違ってはいけないな、足を踏み外してはいけないな」

と今でも常に思っているんです。

山下：松下幸之助さんも、公器ということについては、同じようなことをおっしゃってますね。

中村：そうです、今思い出しました。だから、当時の立派な経営者の方々の本なんかも読んで、やり方というよりも、その人がなんで事業を起こしたのか、どんな考えのもとに事業を起こしてたのかが、非常に興味があったんですね。それらをまとめたのが、先の「経営理念史」なんですね。

5　苦しいときの乗り越え方

苦境は試練だと考える

山下：社長様は、すばらしいお考えのもとに経営されていますが、いくらすばらしい考えに基づいて経営をされていても、会社としては山もあれば谷もあると思うんです。会社の経営で、苦しいときもあったと思うんですけど、そんなときはどうされましたか。

中村：ええ、苦しいときもありましたね。でも、私は常に考え方として、よいとき、悪いときが必ず人間はあると思っています。よいときは浮かれず、悪いときは腐らずと思っているんです。これは卓球を高校、大学とやっていたんですけど、その卓球を通じて学んだことです。だから、身体に染み着いてるわけですね。頭の知恵・知識ではなくてね。
「そういうことをそもそも持っておかないといけない」ということと「悪い状況・場面に出くわしたときに、一番人間の価値が問われるときだ」ということも認識してました。だから逆に、なにくそ根性ですよね。自分の人間力というか力が試されているのだという解釈・受け止め方なんです。
　人によっては、自分はこんなに苦労したとおっしゃられる方もいらっしゃいます。確かに苦労はされてるんだろうけど、それを苦労として解釈して受け止めるよりも、私は、神様から、どこまでやれるかということを試されているんだと受け止めているんです　私は別にクリスチャンでもないんだけど、そういう考え方に立っといたほうが楽というか、逆に自分を成長させるよいチャンスでもあると考えています。

山下：完全なプラス思考ですね。そうして、今まで乗り越えてこられたんですね。

中村：こういう風に考えていかないと、身体がおかしくなるし、病気になるんですね。

山下：資金繰りどうしようだとか、人間関係どうしようだとか、悪いことばっかり考えるとだめということですね。

中村：もちろん楽じゃないし、苦境に立たされているから苦しいんですけど、それをどこまで自分の中で昇華してプラスに図れるかという発想をするように、そこは今でも意識してきたわけですね。それで、私は間違ってなかったと思いますね。

6　経営革新

2つの経営革新

山下：また、話は変わりますが、もう1つお聞きしたいのが、会社の成長ということです。経営ではありませんが、経済成長のことを専門に研究した人に、シュンペーターという学者がいます。そのシュンペーターは、「革新・イノベーションをやっていかないと、経済は成長できない」と言っています。経営でも同じくイノベーションがないと成長が止まってしまうという話なんですが、会社の歴史の中で、革新というか新たなものに取り組まれたものはありますか？

中村：1つは私の代になってからやったことで、先にお話をした輸出・海外展開ですね。実務は全然知りませんけども、そういう要因や条件を整える、戦えるようにしておくってことは、マネジメントしておかないといけない。

山下：先ほどのお話ですと、ヒト・モノ・カネでいうと、まずヒトの問題から取り組まれたということですが。

中村：革新といえるかどうかはわからないですけど、当社にとって新しいことですよね。世間ではごく普通にやっておられることですけどね。当社として新しいことはと考えると、輸出だと言えますね。これで、目を向ける方向が変わったんです。

もう1つ、革新をしたのは、実は国内戦略なんです。当社は昭和30年代から、関東へ進出していました。ただ、出てはいるんですけど、私から見ると、どうも中途半端に見えたんです。「やるなら徹底的にやらないとまずいんじゃないか」という思いがあって、私が入社してしばらくした頃に父とやり取りをしました。東京でビルを所有して、そこを中心にして、関東で営業展開するということについて聞いてみたんです。

すると、もう10年以上も前から、そのような関東戦略があったけど、それが一向に進んでいないというんです。「土地を見つけて、建物を建てるんや」という社長の掛り声だけで終わっていたんです。

当時、私は一般社員でしたが、10年以上前から関東戦略が始まっていたと聞いたので、とっくに役員間で合意が得られていると思っていました。ところが、確認すると、社長の掛け声だけで役員間の合意はなかったんです。それで、まったく進んでいなかったんです。

当時の常務から私が土地探し担当を引き継ぎ、東京での土地探しを私が主導してやるようになったのは平成元年でした。

平成元年ですから、「兄貴は倒れるわ、東京で土地は探さなあかんわ、海外展開はやらなあかんわ」と当時はそんなことになっていたわけですね。

　結局、役員間でコンセンサスが取れてなかったので、土地を購入するのであれば、資金が必要ですし、融資を受けることも、その返済についても検討しなければいけないんですが、社内で充分に検討もされずに進められていたんです。

山下：平成元年っていうたら、バブルの真っただ中ですよね。

中村：土地を買って数か月たって、バブルがはじけましたね。バブルははじけたものの、土地を買ったんで、建物を建てて、そこで営業を始めたんです。

　やってしまったことはどうにもならないので、プラス思考なのかわからないですけど、誰の責任とかじゃなくて、これからしっかり売上、利益をあげていかなあかんのに、役員間のコンセンサスも取れていなかったもんだから、人心がばらけて、不動産の取得について役員からも不満がでる始末でした。

　人心がばらけている原因を考えたとき、当時は関東の営業は第一金属ではなく、興陽金属っていう別会社で運営してたんです。そこの社員と第一金属の社員が業務内容にほとんど差がないのに、働く意識に差が生じていて、興陽金属側は一歩下がっている感じだったんです。

　業績を上げるためには、まずは社内の人心を束ねていかないといけないと考えました。そこで、興陽金属の社員を第一金属へ移そうと決めました。幸い給与等の勤務環境に格差はなかったので、それはスムーズに進みました。要は、会社環境等に差はなかったんだけども、社員の気持ちに差ができていたんです。

社員を第一金属一社にまとめることで、紆余曲折あったけども、社員の人心の統一を図れたことと、社是の三者鼎立の考えを浸透させたことで、乗り越えてこれたと思います。

山下：社長様が社員の思いまで考えて、お客様も社員も立つようにされたということですね。

中村：そうです。そして、それは父が考えた三者鼎立と一致するんですよね。

だから、そこさえちゃんとすれば人心はまとまるんです。もちろん業績、結果はわからないですけど、それはあとからついてくると私は思います。経営者の思いを実行するのはあくまで人材ですから。ヒトの気持ちをまとめることが大切で、モノだけ用意してもうまくいかないんです。

山下：やはりヒトが中心ということですね。

7　今後への期待

次の社長に求める要素

山下：ここまでお聞きして、本当に立派な経営をされているなというのがわかったんですけど、今中村：後どうしていくか、どのようにして次の世代へ送っていこうかをお聞かせ願えますか？
1つ私の代で決めていることは、上場はしないということですね。ただし、現在は同族経営になっていますが、何らかの形でもう少し社員に豊かになれる方策を考えようと思ってるんです。社員が豊かになるという観点では、私のアイデアとしては持株会を設けたいと思っています。あくまで経済的な利益を増やすためで、議決権は制限するつもりです。

また配当を増やすためには業績を上げないといけないということにも気づいてもらいたいと考えています。

もう1つ考えているのは、今の持ち株の株価を下げないと、今のままでは誰が事業継承するにしても、非常に重たいものとなってしまいます。そこに関しては今模索中ですが、何とかなると考えています。

次の経営者についてですが、実力主義であるのはもちろん、志と覚悟がある人がならないといけないと思うんです。そうじゃないと、うまくいってるときはいいですけど、問題になるのは、後退・減退あるいは不況に突っ込んだときに、先ほど言った人心がばらばらになる可能性があることです。

あるいは「会社を辞めてしまいたい」と社員が思うようになると、せっかく育てていった人たちが離れていくようでは話にならんのです。

私がありがたいなあと思っているのは、父がこうしてちゃんと経営理念や社訓、幹部の基本姿勢を文章にまとめてくれたことです。これの何がいいかというと、景気のよいときには薬にならないのだけれど、経営が危機に瀕したときに原点に戻って、新たに展開できるような効用があるわけです。だから、そこをしっかり自分で認識してて実践できないと、経営者になっても、社員を路頭に迷わす結果になるわけです。

例えば、リーマンショックのときは、売上が瞬間的に4割くらい落ち込みました。そんなときに正しく適切に判断してちゃんと導いてあげられるか、ということですね。

それは一般社員がやる話ではなくて、そういう危機のときはトップが仕切っていかないといけないですから。そのときの判断基準は経営理念だったり社訓であったりするわけですね。だから、そこをちゃんとわきまえている人でないといけないですね。

山下：そういった社員を助けるのだという覚悟を持って、経営をしないといけないということなんですか。

中村：それとやっぱり仕入先さん、それからお客さんです。株主さんも利害関係者として当然入りますけど、そこをひっくるめてどこの視点でも不足のないように、共存・共栄していくような調整を果たせるかどうか。それはやっぱり覚悟がないとできないですよ。

山下：そういう志と覚悟をお持ちの方に、次の経営をしてもらいたいですよね。

中村：それしかないですね。もちろん頭のいい人で優秀な人っていうのは、世の中にたくさんいらっしゃると思うんですが、私はむしろそういうことよりも一番危機に直面したときに、その人がどう動くか、そこで価値が問われると思いますね。

今まで聞いた耳学問で一番なのは、危機に瀕したときにはエリートは絶対に務まらないということですね。

山下：僕が読んだある本では、どういう人が成功するかって書いてあって、そこにもエリートはダメだって書いてましたね。頭だけで考えて、特に悪い面だけを考えてしまう。エリートは既成の学問については能力を発揮できますが、どんなことがあるかわからない世の中では通用しないというんですよ。

中村：大事なのは、そこらへんのバランスですよね。頭はよいに越したことはないけども、じゃあ頭だけかというとそうじゃない。やはり心と頭のバランスを日頃から自分で意識して鍛錬してるかということが問われるんですよね。

知識も大事なんだけど、ハートがより重要になってくるんです。そこは、お客さんも見てるし、社員ももちろん見てるし、仕入先さんも含めて見られますから、そこに対して真摯に取り組む自分でありたいと思ってるんですよ。うまくいくかはどうかは別としてね。うまくいかなかったら、ごめんなさいしかないですけどね。

山下：今のお言葉は、今まで貴重な経験をされて、実践されてきたからこそいえる言葉やと思いますね。

中村：私もいろいろ経営理念を勉強してきましたけど、それも大事なんですけど、だけど1つも行動しなかったら、ないのと同じですから。そういうことを自分には言い聞かせて、「1つでも2つでもいいから、とにかく実践せい、試行錯誤をせい」と自分に言い聞かせているんです。

結果がダメだったら、何かが不十分、もしくは不足、あるいは自分の考え方が間違っていたとか。何かしらの原因があるのだから、それを自問自答して、それでへこたれずに、改善していくというプラスにしていかないといけないと思います。

結局、失敗したことがダメではなくて、成長の元なんです。だから、そこに真摯に向き合うことが大切だと思いますね。そこを周りの人は評価してるわけですね。言わないだけでね。だから、それさえ真剣に取り組みさえすれば、いずれ環境が変化していっても、こっち側が諦めずにずっと頑張り続ければ、必ずチャンスがくるわけですね。

それが第一金属としては海外展開で、波に乗れたということですね。じゃあ同業他社さんでそういう行動を起こせたかというと、起こせてないんですね。行動を起こせてない人が多いです。多いからこそ、行動を起こした我々に成果が上がってくる。それが重要なんですね。

じゃあ、そこまで結果を読めたかというと、そんなことはないんですね。ただひたすら皆のために、社員を路頭に迷わさないために、むしろ精神的にも、経済的にも豊かにするんだと、そして会社は公器だと考え続けているから、戦略というものがアイデアとして出てくるんですね。

私が社内で言うてるのは、仮説をどんどん考えて出しなさいということです。そして、どんどん試しなさい、ただし1人ではやらずに、皆の力を借りてチャレンジすればいい。うまくいかなかったら、原因を解明して、ＰＤＣＡのサイクルを確実に回せと言ってるんです。ということは、「行動しなさい」ということですよね。いくら頭の中で考えてても、実行しなかったら、答えがあってたのか、間違ってたのかわからないじゃないですか。だから、チャレンジし続けるしかない。そのためには、知識が必要になってくるし、失敗も貴重な教訓になるということです。

山下：経営理念の重要性とともに、行動の重要性についても認識しておられ、その結果、積極的な海外展開をされたということを理解することができたように思います。そのような社長様の下で働ける社員の方は幸せだなと思いました。

いろいろとお話をお聴きしていると、あっという間に時間がきました。今日は貴重なお話を聴かせていただき、ほんとうに、ありがとうございました。

中村：ありがとうございました。

【図表16　第一金属株式会社】

第7章

経営の実例②

株式会社大丸鋲螺製作所

【図表17　株式会社大丸鋲螺製作所の概要】

創業	昭和32年4月1日
会社設立	昭和53年9月1日
本店	大阪府大阪市東成区
その他の事業所	岡山営業所　岡山県岡山市北区
主な事業目的	鋲螺類の販売（化粧ねじ卸売業）
代表者	代表取締役社長　細山田寛、取締役会長（先代社長）細山田秀明
資本金	2000万円
株主構成	会長・社長一族　44・5％ 大阪投資育成㈱　33・3％ 社員持株会　22・2％
売上高	15億8464万円（第41期　令和1年8月31日現在）
従業員数	42人（令和1年8月31日現在）
経営理念	健康・愛・創造を基に全方（大丸鋲螺製作所に関わるすべての方）よしの精神を持ち続ける

1　創業当時のはなし

兄から引き継いだ会社

山下：本日は会社のことをいろいろとお聞かせいただきたいので、よろしくお願いします。まず、大丸鋲螺製作所さんの創業の頃のお話を聞かせていただけませんか。

会長：創業は父親末男《すえお》が昭和32年に、日本橋《にっぽんばし》（大阪）のナニワネジさんからののれん分けだったんです。２坪の店を借りて、自転車1台で、個人で創業したそうです。当時は、トヨクニさんと東急車両さんの2社が大口顧客で、後は照明メーカーが得意先だったようです。

昭和48年1月に、父親が56歳で亡くなった後、兄諭吉郎《ゆきちろう》が2代目となりました。そのとき、4件くらい借用書のない借金が出てきたんですが、兄貴は全部返済しました。簡易保険に入っていた分の保険金２０００万円のほとんどを、店の借金返済や運転資金に使ったんです。とにかく、その頃はどんぶり勘定でいい加減な状態だったので、お金がなくなったら店のお金に手をつけ、なんてことはしょっちゅうだった。借金はいったん返済したのに、また借金ができてしまいました。

ある日、支払日に兄貴が会社に来なかった。取り立てが会社に来たので私が対応して、「ちょっと社長の自宅に見に行ってくる」と言って家に行ったら、二日酔いで布団かぶって寝てたんです。頭にきた私は、バケツ1杯の水をバッシャーンと布団にかけて、「起きろ！」と怒鳴ったことがあったんです。

そのときくらいから、ちょっとこのままのだらしなさだと店を潰すかもしれないと思って、母親のトメに相談して、実質私がハンコなどを預かって店を切り盛りし始めました。それが昭和52年5月のことでした。

その頃は、また運転資金を高利貸しに頼っていたんです。3か月先の手形100万円を割り引いて、80万円もらって当座に入れるみたいなことをしていました。当時は、銀行は中小零細には貸してくれなかったので、銀行で借りると、金利は12％くらいで、歩積み両建てなんか当たり前。お金ない店やったですわ。これではお金がなくなるのは当然です。

当時はすでに年商3億円くらいあったけど、このまま個人ではまずいということで、1年後の昭和53年9月に法人化しました。兄貴からハンコを預かった手前、若干の後ろめたさもありましたがね。

当時、資本金1000万円のうち、兄貴が45％、兄嫁が6％の51％、それ以外は親族で持ち合い、発起人7人で設立しました。

兄貴はまだ29歳と若かったので、「また兄貴が社長をやればいい」という話をして株式会

【図表18　細山田秀明会長】

社にしました。兄貴と従兄の鮫島、弟の茂、それに私の4人が取締役、母親が監査役でスタートしました。

設立からはちょっと後ですが、昭和58年頃の売上は、東急車輌さんが2000万円、トヨクニさんが1500万円、あとは細々したもんで、月商が5000万円というところでした。

昭和53年に、樹脂の製造会社が飛び込み営業で来ました。そこで持ってきたのがユリヤ化粧ネジです。それを見て「これや！」と思い、次の日に兄貴と一緒に丹波篠山の山奥の工場に下見に行き、製品を確かめた上で、すぐに発注しました。

なんでそんなに即決したかというと、親父の夢は2つあったんです。1つは「お金があったら化粧ネジを大々的にやりたい」ということと、2つ目は「ネジの店頭販売をやりたい」ということでした。

当時の業界は売掛販売ばかりで、直接販売をしていた会社は、ほとんどなかったので、店頭販売はかないませんでした。ナニワネジは昭和50年代で月1000万円くらいは店頭販売していましたので、親父はそれがうらやましかったんですが、それができなかったんです。

でも、化粧ネジについては、親父の夢がかなう瞬間が来たんです。それで、すぐに飛びついたんです。金型に1000万円、製品在庫に2000万円、合計3000万円を一気に投資しました。そんな大きな投資がすぐにできたのは、今まであった大口の東急車両さんとトヨクニさんで儲けさせてもらったからです。そのおかげで一気に実現しました

その頃、兄貴の健康状態が悪くなり、復帰するのが難しくなりました。それで、俺が中継ぎで継いで、兄貴の子どもへ渡そうと思いました。平成元年に兄貴が42歳という若さで亡くなり、その株は親族にばらまくことになりました。

山下：個人商店の創業から、お兄さんが亡くなられるまでを一気にお話いただきましたが、会長が退いた後は、そのお兄さんの息子さんに引き継がせようと考えておられたと聞いていますが。

会長：俺はショートリリーフで、兄貴の息子を後継者にするのが私の目的でした。私にも息子2人と娘1人がいたけど、「お前らは大丸鋲螺に入るな。どうしても後継者がこの会社に入らん

かったら、そのときは入ってかまへん」と言ってました。

ところが、その後継者の息子がちょうど兄貴の７回忌の平成７年に交通事故で亡くなったんです。享年26。それで私は1年間くらいボーッとして、「俺はなんのためにやってきたんだろう」と思い続けていました。ようやく、1年後くらいに「確かに俺のベストの事業承継はできんかった。ならばベターな策を決めるべきや」ということで、預かりものと考えていた会社を、同族内で次の代につないでいく策を考えはじめました。

山下：事業承継は問題があったようですが、取引のほうは順調だったんですか。

会長：ちょうどその頃、３０００万円の投資をしました。その頃は、国金が５００万円、保証協会が１０００万円の借入金がありました。担保がない企業は１５００万円くらいしか調達できないんです。そのときとてもありがたかったのは信用金庫です。借地の上に建てた建物に、５００万円貸してくれたんです。正直、経営のイロハもわかっていない状態だったけど、そのとき相当救われたのは東急車両さんとトヨクニさんの2社があったおかげです。

山下：取引先の信用に助けられて、経営を継続できたんですね。

会長：そのトヨクニさんに対し、３０００万円の売掛があったんです。ファクタリング会社から、支払ってもらえるというものでした。しかし、ファクタリングが、突然ゼロになったんです。当時1億円くらいの在庫があったので、このままでは連鎖倒産してしまうような状態になりました。そこで、弟と一緒に行って、なんとかしてくれと迫ったら、逆にそれならお金を貸してくれと言われた。

山下：トヨクニさんも、相当困っていたんですね。

会長：お金を貸すような余裕はなかったので、その代わり売値を10％引くことにし、それで手形から、現金払いにしました。それが平成3年くらいの、ちょうどバブルがはしけた頃の話です。平成7年に、そのトヨクニさんは、会社更生法で倒産しました。トヨクニさん向けに抱えていた在庫600万円くらいのダメージで済んだのは不幸中の幸いでした。

山下：もう一方の東急車両さんは、順調に取引が進んだんですか。

会長：東急車両さんも平成10年には、月2000万円売っていました。しかし、東急が海外との競争に勝てなくて、平成20年くらいには年間200万円くらいしかないようになっていました。

このままだったら当社も同じ末路を辿ってしまうところでしたが、そうはならなかったんです。それは、その頃までに育ててきた樹脂のユリヤネジがあったからでした。これが安定してきたのは、今から15年くらい前です。投資してきたものが、ようやく回収でき始めた時期が、その頃だったんです。

このあたりから決算賞与を出し始めました。今では15期連続で出しています。樹脂ネジを置いているネジ屋はなかったので、ネジ商社を通してユーザーに行く仕組みがよかったと思いいます。そのとき、東京に行き、12社くらいの新規顧客をリストアップして取引を始めることができました。そのうちの10社と今でも取引をしています。商材が面白かったですね。付加価値が高く、ナニワネジくらいしか扱っていない差別化商材だったんです。

山下：樹脂ネジは何がそんなによかったんですか。

会長：コストが安かった。今までのネジよりも単価が半分くらいになったんです。インサート成型というものですが、全部鉄でつくるよりも半分くらいのコストでできたんです。親父の夢のチャンスを狙ってきたので、飛び込みが来たときはすぐ決断したのがよかったと思います。

これからも当社が生き残っていくためには、革新が必要ですが、その革新は新製品を出すことです。商品のレパートリーを広げ、新たなオリジナルを付け加える、これしかないんです。

山下：革新の方向性は間違っていなかったんですね。社長の代になってからはどんな状況ですか。

2　細山田寛社長の登場

強みを把握して、新たな製品を投入し続ける革新

山下：現社長の寛さんは、会長さんの弟、茂さんの息子さんですが、入社されたのはいつ頃ですか。

社長：25歳のときだったから、平成11年ですね。

山下：入社後は、どんなことをやって来られたんですか。

社長：３年間、仕入業務やって、その後営業をやってきました。

山下：そして、社長に就任され、現在の会社の形になったんですね。寛さんが社長になられて、今までとは変わってきたことってあるんですか。

社長：売上の中身でいうと、シールビスが結構市場に浸透し始めており、売上も年々上がってきています。今は、展示会などで広く商品をＰＲしているので、そのリストを基に営業をかけるとお客さんが覚えてくれています。

　展示会は、新規顧客開拓の強力なツールになっているんです。今は7アイテムくらいになりましたけど、そろそろ新しいものが出て来なくなってきています。「樹脂ネジの大丸」「シールビスの大丸」と言われてきたので、「そろそろ新しいものを皆で考えていこう」という機運が高まっているというのが現状です。

山下：社内で、常に新しいものに取り組んでいこうという文化があるんですね。

社長：２０１０年のちょっと前くらいに会社の強み分析を行いました。「50年くらい続いた会社なら、必ず何か強みがある」という外部の進言もあり、当社のコアな強みを考えたんです。

　考えた結果、特定のお客様に出していたシールビスを、受注生産から見込み生産在庫に変更することにしました。そうしたらヒットしたんです。また、お客様のカスタマイズ品やオリジナル品をカタログ化していって、多くのお客様のニーズを引き出していったんです。お客様が必要とされている、ニーズを引き出せるのが当社の強みだと思います。

山下：強みを把握して新たな製品を投入し続け、「革新」を続けていったんですね。これからもそういう方向で行くということですね。

会長：今まではトップダウンでしたけど、最近はボトムアップに変わってきました。親父が考えていたビスなんかも、社内から「もう1回製品化できないか」という話からカタログ化しています。社員が、自分たちで新商品を探し始めるようになったんです。このカタログは組織変革の1つのきっかけになりました。

社長：この当時はまだ会長が社長だったんですが、「俺はもう去っていく人間やから、若い連中中心に好きにやれ」と言ってもらったので、私と営業部長を中心に皆で商品を考えました。この動きは会社が変わるきっかけになりましたね。

3　経営理念について

全方よしの精神

山下：ところで、ここまで事業を繋いでこられるのに、守ってこられた理念とか哲学みたいなものはあったんですか。

会長：経営理念と活動指針、それは昔から掲げていたし、とても大事なことだとは思っていましたけど、自己満足で終わっていました。社内にはまったく浸透させていなかったし、浸透のさせ方がまったくわからなかったんです。

社長が4年前に次世代経営塾で理念を体系立てて学んできた結果、納得いく理念ができて、それが社内に浸透するようになりました。

「健康・愛・創造を基に全方よしの精神を持ち続ける」

山下：理念はもともとあったものをそのまま使ったんですか。

会長：「健康」「愛」「創造」、この3つだけは昔から打ち出していました。基本は会社や社員が健康でなければならない。社員や仲間や商品を愛していかなければならない。創造力を発揮してやっていかないと企業は永続しない。そして、そこに社長がつけたのが「全方よしの精神」です。

社長：すでに他のネジ屋が「三方よし」を使っていたので、単純に、この下にすべての人々に幸せを、という意味を込めて「全方よし」を付けただけです（笑）。

山下：やはり、会社が創業した当時の想いを伝えてもらうのはとても大事なことですね。自分だけでなく従業員やその家族、そして会社の財務状態も含めて健康であってほしいし、愛を持っ

【図表19　株式会社大丸鋲螺製作所の経営理念】

て迎え入れることで、創造性が高まる。そして、全方向がよくなる、とてもいいキーワードですね。

会長：私の頃は、深い意味があって仕事をしていた訳ではないので、理念などなくてもよかった。しかし、今の若い子たちは「何のために仕事をしているんだ」「何のために会社にくるんだ」と考えると思います。若い人にとってこそ、理念は必要なんじゃないかと考えます。

山下：ところで、その理念は、社内に浸透してきているんですか。

会長：昔から理念のベースのような物はありましたけど、それを社内に浸透する方法がわからなかった。しかし、社長が理念を整備してくれたので、徐々に浸透してきていると思っています。

社長：経営理念を社員に伝えても、すぐに同じ方向には向きません。なかなか皆を同じ方向に向かせるのは難しいです。時間をかけなくては、浸透できないと思ってやっています。

山下：でも、理念を浸透させようと、地道にやってきたからこそ、安定した経営ができているのではないですかね。

社長：ちょっとだけですけどね。今は、昔と違うので、社員の多様性を認めつつ、少しずつ前進していっている感じがしています。

会長：昔は感情に任せて経営を行なってきましたけど、今は組織としてできるようになってきていると思いますわ。

4　会社の後継者について

社長を交代したときの３つのお願い

山下：経営理念に基づいて立派に経営されるようになってきましたが、まだまだ社長さんは、お若いのですが、今の社長さんのあとは、どなたか後継者は決まっているんですか。

会長：私も歳を取ってきたので、早いところ社長の後継者もつくって安心したいと思っているところです。

社長：今は、会長の兄貴の孫、私からみた又従兄が候補です、彼が「来たい」と言ってくれればいいと思っていますが、他の候補も考えながら、永続するためにも早いうちに決めていくことがいいと思っています。

山下：経営者には、誰でもなれる訳ではないですからね。経営者に苦労はつきものですから、又従兄さんが、受けてくれると嬉しいですね。

社長：私は楽天家だから、経営者に向いているかもしれないけどね。

会長：私は、６年前に社長を交代するときに、３つのお願いをしたんです。

一、ネジを好きになって夢を語ってください

二、自転車1台で創業した創業者に想いを馳せてください
三、社員と社員の家族を大事にしてください
これは自分が37年間実践してきたことです。私は、今でも創業者に対する感謝の気持ちはとても強い。毎朝晩、創業者の仏壇に感謝をして手を合わせているんですよ。

社長：創業者は昭和48年に亡くなっているから、私は会ったことがありません。でも、想いは継いでいかないかんと考えてます。

会長：3年後に創業者の50回忌があります。それまでに、私が死んでもそれだけはやってくれ、と社長には言っています。創業から事業を見守った母は96歳だがまだ元気です。なんとか50年を生きて迎えようと言っています。

山下：ファミリー経営の絆は固いんですね。

会長：親子や兄弟であれば、会えば喧嘩するのは普通のことです。でも、逆境になると、親子や兄弟ほど力になるものはない。厳しいときこそ諦めないで力になってくれる存在だし、順調なときはわがままを言い合うし、まあ大変ですけどね。

会社は預かり物である

山下：苦労を共に乗り越えてきた愛があるんですね。でも、事業承継となると、トラブルが多いで

会長：株の譲渡は計画的に行ってきました。持ち株会などを使い、問題が起きないようにやることがポイントではないかと思います。また、家族経営においては、株の分散を防いで、経営を安定させる制度に、投資育成というものがあります。

大阪中小企業投資育成に株を持ってもらい、安定株主になってもらったのがよかったと思てます。親族内では、あまり揉め事はなかったですけどね。

社長：投資育成に入ってもらったお蔭で、株を動かしやすいきっかけになりましたね。持ち株会にも、配当などのメリットをしっかり説明したことで、役員やパートを入れて40人中18人が入ってもらってます。投資育成には、配当優先株という形で還元させてもらっています。60年のときも記念配当を行ないました。

山下：会長がおっしゃるように、「企業は俺の物ではない」という考えがとても大事だと思います。「会社は皆のものである」という理念をどうやって、次の次の後継者に伝えていくんですか。

会長：「会社は預かりものである」ということと、「次世代に渡していくことが使命だ」と思っています。次の世代にバトン渡せたら90％成功だと思ってます。そのためにどうやって企業努力していくかということやと思います。

社長：会長は、会長になってから口を出さないですね。こんなに口を出さないとは、思ってなかったです（笑）。

会長：代表権渡したら、それはすごい責任を渡したということですからね。権限を委譲する代わりに「よいも悪いも責任をすべて取る」ということをわかってもらいたかったです。

山下：こちらは、親族承継ができてますけど、親族承継ができない場合、経営者はどういう判断を下すべきだと思いますか。

会長：できれば親族継承が望ましいけど、それができない場合は、社員継承でもM＆Aでもいいと思います。大事なことは、それを社長が責任を持って決断することです。そして、M＆Aの場合は、社員の継続雇用を取りつけてからでないとやってはならないと思います。お金で会社は買えても、人の心までは買えませんからね。

山下：今は、後継者問題に悩んでいる企業が沢山あります。この問題をどう考えられますか。

会長：後継者問題で悩んだときは、早いうちに色んな選択肢を想定しておくことです。

社長：外から見ても魅力的な会社にしておくことは、最低限必要でしょうね。後継者にとっても、これは後押しになります。仮に誰も継いでくれないとしても、魅力的な会社に磨き上げておけば、他の選択肢も考えられますから。

山下：今、御社は62年目ですよね。ということは後38年で１００年になる訳です。我々も１００年企業をサポートする立場として、お手伝いしていきたいと思いますが、残りの38年をどうしていけばいいと思いますか。

会長：私はすでに社長業を禅譲した立場なので、後は社長が考えることだと思います。それだけ社長というのは責任が重い立場なんです。

社長：当社は中小企業でもレアケースで、会長は退いてすぐに代表権を渡した。

会長：しばらくは共同代表でもいいと思います。銀行や仕入先、得意先の信用をつくるためにも、5年位の共同代表はいいと思うが、決めた期限が来たらきっぱり渡すべきだと思います。

社長：僕はすごく大きくしたいとか、従業員を沢山抱えたいとは考えたことはありません。

中期経営計画策定にあたって、最低限の売上目標はつくっていますけど、身の丈経営を守るつもりでいます。地道にやっていくことが大切やけど、一方で常に新しいことを取り組んでいくことが生き残りの秘訣やと思います。

山下：脈々と流れている、「常に新しいものを」という創造の精神が御社の理念でもあるんですね。

会長：これからは創造と言っても、新しい製品だけでなく、ＩＴなんかのシステム、教育のイノベーションもやっていかないけません。

社長：これから教育は大事やと思てます。今は、新しい現場の提案も下からどんどん上がってきてます。５年未満の社員も多くなったので、新しい人への教育マニュアルもつくってます。

会長：問題があったら、すぐに皆で集まってミーティングという組織風土が生まれてるように思い

【図表19　株式会社大丸鋲螺製作所】

ます。

社長：マニュアルは、彼ら若い人の発想、彼ら発で、会社はどんどんいい方向に変わっていけばいいと思います。

会長：製品だけでなく、組織も人もどんどん変化をしていかないかんのですわ。

山下：いろいろとお話しをお伺いしましたけど、会長と社長が、お互いに尊敬しあっておられる姿を拝見した思いです。親族承継の理想像かと思います。本日は、貴重なお話をお聞かせいただいて、ほんとうにありがとうございました。

おわりに

久しぶりに般若心経のことを書かせていただきました。私は宗教家ではありませんので、私の解釈が正しいかどうかはわかりません。しかし、私自身が思った通りにできたくらいでるから、間違いはないと確信しております。ぜひ皆様にも、それを実践していただきたいと思います。

経営者の皆様は、会社経営のこと、お客様のこと、仕入先様のこと、従業員様のこと、ご家族のこと、あるいはご自身の健康状態など、悩みは尽きないと思います。悩みが多いときこそ、「思いのままになる」ということを思い出していただき、明るく前向きに進んでいただきたいと思います。

実は本書の企画は1年以上前から進んでおり、社長様方にはインタビューさせていただいてから、随分とお待ちいただきました。申し訳ないと思っております。またインタビューさせていただいたにもかかわらず、いろいろな事情から、本書でご紹介できなかった方々がおられます。事情が許すようになれば、いつかまたご紹介できる機会があると思います。そのときを楽しみに思います。

最後に皆様に感謝の心をこめて、魔法の言葉で締めたいと思います。

ありがとうございました。

2021年3月

山下勝弘

著者略歴

山下　勝弘（やました　まさひろ）

1956年生まれ。大阪府出身。公認会計士。税理士。
関西学院大学経済学部卒業。1985年公認会計士登録。1990年税理士登録。
現在、山下会計事務所所長。

著書に『社長!!　会社の数字が読めなけりゃおしまいや』『平成大混乱・大不況がやってくる』『官制大不況は大転換のチャンス－上杉鷹山を超える男「山田方谷」に学ぶ』（以上、セルバ出版）
『Q&A実践M&Aの実務と対策』（共著、第一法規出版）『経理・財務実務全書』（共著、日本実業出版社）『やさしくわかる経理のしごと』（日本実業出版社）『神社・仏閣……すべての宗教法人のための収益UP＆節税対策パーフェクト・マニュアル』（すばる舎）など多数

思いのままの経営

2021年4月21日　初版発行

著　者　山下　勝弘　© Masahiro Yamashita

発行人　森　　忠順

発行所　株式会社 セルバ出版
〒113-0034
東京都文京区湯島1丁目12番6号 高関ビル5B
☎03（5812）1178　　FAX 03（5812）1188
http://www.seluba.co.jp/

発　売　株式会社 三省堂書店／創英社
〒101-0051
東京都千代田区神田神保町1丁目1番地
☎03（3291）2295　　FAX 03（3292）7687

印刷・製本　株式会社丸井工文社

Printed in JAPAN
ISBN978-4-86367-650-3